Sommaire

Didier Colin

LE PETIT LIVRE DES PRÉSAGES ET DES SUPERSTITIONS

Portez-vous bonheur

FIRST
ÉDITIONS

ISBN : 978-2-412-07438-1
Dépôt légal : octobre 2022
Imprimé en Italie

Directrice éditoriale : Marie-Anne Jost-Kotik
Responsable éditoriale : Aline Sibony
Éditrice : Cyrielle Londero
Correction : Françoise Caille
Mise en pages : Frédéric Voisin

Éditions First, un département d'Édi8
92, avenue de France
75013 Paris
France
Tél. : 01 44 16 09 00
Fax : 01 44 16 09 01
Email : firstinfo@efirst.com
Site Internet : www.editionsfirst.fr

Pourtant, que la montagne est belle,
Comment peut-on s'imaginer,
En voyant un vol d'hirondelles,
Que l'automne vient d'arriver ?

Jean Ferrat,
refrain de la chanson *La Montagne*

Introduction

Présages ou superstitions ?

Comment peut-on s'imaginer, en voyant revenir, puis repartir chaque année, presque à date fixe, les hirondelles, qu'elles font et défont le printemps, sinon en interprétant un tel phénomène naturel, périodique, régulier, tel un présage.

De même, en prêtant attention au vol des hirondelles, selon qu'elles cherchent de petits insectes en hauteur, ou en rasant le sol, nous savons depuis des lustres que, dans le premier cas de figure, le beau temps règne, tandis que dans le second, elles « savent » que le mauvais temps, la pluie ou l'orage sont au rendez-vous. Et, contrairement aux prévisionnistes de la météo qui, l'œil rivé sur leurs écrans et leurs images satellites, se fient un peu trop à leurs calculs statistiques, mais qui, bien sûr, ne peuvent pas regarder le ciel à l'endroit précis où nous nous trouvons au moment où nous consultons la météo, elles ne commettent jamais d'erreur.

Ainsi, à partir des observations méticuleuses réalisées par des naturalistes, nous constatons que ce que nous attribuons aux présages depuis des temps immémoriaux et qui résultait du fait que nos ancêtres faisaient corps avec la nature et toutes ses formes de vie, trouve aujourd'hui des explications scientifiques.

Évidemment, les scientifiques ne s'intéressent pas, à quelques exceptions près, aux présages, encore moins aux superstitions qu'ils relèguent à un passé révolu. Et pourtant, ils existent. Certains d'entre eux se trouvent même à l'origine de nos langages et de nos dialectes. Mais ce qui nous intéresse ici, c'est de comprendre comment un présage se transforme en croyance, puis une croyance en superstition.

Par la force de l'habitude. En effet, l'habitude, issue du pouvoir d'adaptation, est une constante dans la nature. Et nous, êtres humains, n'échappons pas à cette loi naturelle. La plupart des animaux, mais aussi des plantes, des fleurs, des arbres suivent des processus qui leur sont propres. De même, du fait que tous les membres d'une même espèce animale ou végétale semblent tous issus de modèles relativement immuables, nous pouvons difficilement les distinguer les uns des autres. Pourtant, chaque individu, d'apparence identique à tous les membres de son espèce, présente des particularités, voire des singularités.

Ainsi, que nous le voulions ou non, nous présentons de nombreux points communs avec toutes ces composantes de la nature. Créés dans un même moule, quelles que soient nos racines et nos origines, nous naissons tous avec une tête, un corps, des membres, des yeux, des oreilles, une bouche, un nez, des organes, etc. Et pourtant chacune et chacun de nous est unique.

Bref, suivant la force de l'habitude qui, dans le pis des cas, peut devenir une force d'inertie, à partir de leur observation attentive de signes récurrents se produisant dans la nature qui leur inspirèrent des présages, très utiles à leurs communautés, les êtres humains en firent des croyances qu'ils se transmirent par voie orale d'abord, durant de longs millénaires, puis par écrit beaucoup plus tard. Le temps passant et rien ne changeant jamais ni dans leur conception du monde ni dans leur existence routinière, ils finirent par croire à de bons ou mauvais présages, en ayant totalement oublié leurs origines, leurs fondements, leurs raisons d'être. Ainsi apparurent les superstitions…

Superstition superstar !

« La superstition, c'est tout simplement l'art d'assumer les coïncidences. »[1]

Contraints de migrer à plusieurs reprises au fil des millénaires, de quitter leur lieu et leur mode de vie, d'abandonner leurs habitudes et d'en changer, en raison de catastrophes naturelles ou de changements climatiques (déjà) qui rendaient leur territoire inhospitalier, en fuyant ou en se déplaçant, nos lointains ancêtres emportaient avec eux malgré tout, leurs présages, leurs croyances. Ceux-ci, du fait de leur déracinement, s'avéraient de plus en plus être des superstitions, du moins telles que nous les entendons aujourd'hui.

Sauf que… En nous penchant sur les racines étymologiques de « superstition », qui désignait d'abord une croyance, voire la pratique d'un rituel, l'une et l'autre sacrilèges au regard d'une vraie religion, puis qui concernera un bon ou mauvais présage déduit de signes, de coïncidences, de phénomènes naturels, nous nous apercevons que ce nom féminin dérive du latin *superstare* (cette consonance

1. Jean Cocteau, *La Difficulté d'être*, Éditions du Rocher, Monaco, 1957.

et cette orthographe ne vous rappellent-elles pas quelque chose ?) qui signifiait « se tenir au-dessus », « surmonter », « dominer » et même « survivre ».

Au fil des siècles et jusqu'à nos jours, le terme « superstition » a pris le sens de croyance irrationnelle d'une part, de don ou de vision prophétique d'autre part, enfin celui d'un penchant au fanatisme religieux chez celles et ceux qui cultivent une foi aveugle ou extrêmement scrupuleuse. Autrement dit, nous nous montrons souvent superstitieux pour trouver des compensations à nos angoisses, à nos inquiétudes, à nos peurs fondées ou non d'un malheur à venir. Ou, à l'inverse, nous nous livrons à certains rituels et nous croyons à certains signes censés nous protéger ou nous porter bonheur sans chercher à savoir d'où viennent de telles croyances ni ce qu'elles signifient.

Par exemple, et pour en revenir à l'hirondelle, nous croyons communément qu'elle ne niche que sur un toit, sur les murs, dans le garage ou dans la grange (entre autres) d'une maison heureuse, dans laquelle les occupants vivent en harmonie. Toutefois, si elle ne revient pas au même endroit, l'année suivante, ce signe s'annonce de très mauvais augure pour les habitants de cette maison. À l'inverse, nous pensons qu'assister à un vol d'hirondelles qui s'agressent les unes les autres porte malheur à la personne témoin de cette scène, tandis que, l'hirondelle ayant la réputation d'être l'un de ces oiseaux fidèles toute leur vie à la même compagne et au même compagnon, en voir une entrer dans sa maison, constitue un présage d'amour, d'affection mutuelle, mais aussi de naissance et de bonheur.

Que demander de plus ?

En route pour le royaume des présages et des superstitions...

Et si, ensemble, nous allions nous promener au royaume des présages et des superstitions pour nous rafraîchir la mémoire, renouer avec les signes avant-coureurs, porteurs d'un bonheur ou d'un malheur à venir, de sorte de nous mettre dans de bonnes dispositions pour accueillir les premiers à bras ouverts, d'anticiper la venue des seconds ou nous y préparant psychologiquement, autrement dit en cherchant à comprendre comment et pourquoi ces signes néfastes peuvent éventuellement nous concerner...

Il n'existe aucune fatalité en effet, dans les présages et les superstitions, rien que des signes qui, pour une raison ou pour une autre, nous interpellent d'une manière salutaire.

Dans ce royaume enchanté, le roi Présage et la reine Superstition nous attendent. Ils règnent en maîtres sur de très nombreuses croyances. Certaines d'entre elles, devenues les pierres angulaires des grandes religions, ne doivent rien au hasard ni aux coïncidences. À moins bien sûr que Hasard et Coïncidence soient le prince et la princesse du royaume des présages et des superstitions. De même, parmi les membres du gouvernement de Leurs Majestés Présage et Superstition, nous trouvons de célèbres ministres : Adage, Dicton, Proverbe, Augure, Oracle, Intuition et la plus prolifique d'entre eux, Divination, tous et toutes à l'origine de cette sagesse populaire dont, le plus souvent, nous ne savons d'où elle vient, mais que nous nous transmettons pourtant de génération en génération.

Quoi qu'il en soit, à tout ou presque ce qui constitue l'univers naturel et artificiel des êtres humains, se rattachent des présages et des superstitions parfois désuets ou sans intérêt, d'autres fois édifiants et riches d'enseignements. Bien sûr, je ne pourrai pas tous les énumérer, la vastitude de ce royaume ne m'y autorisant pas. Mais je m'efforcerai de vous en proposer une belle palette, de sorte que vous puissiez vous familiariser avec les signes que nous envoie la nature, notre environnement, tout ce langage du sacré ordinaire en quelque sorte, que nous négligeons trop souvent de prendre en considération ou de voir, tout simplement.

Au royaume des présages et des superstitions

Dès notre arrivée dans ce royaume, nous assistons à un dialogue entre deux sages, Proverbe et Augure, membres éminents de la cour du roi Présage et de la reine Superstition, à propos des augures relatifs aux oiseaux.

« Une hirondelle ne fait pas le printemps, dit Proverbe.

– Non, elle ne le fait pas, répond Augure. Elle l'annonce !

– Comment l'annonce-t-elle, demande Proverbe ?

– Il suffit d'observer le jour et l'heure de son arrivée dans le ciel de votre région, son vol, son cri, la direction du vent à cet instant, la température extérieure, la couleur du ciel et, si vous voulez en tirer des augures, c'est-à-dire des présages, notez les événements anecdotiques ou importants qui se produisent ce jour-là, qui vous concernent ou touchent certaines personnes de votre entourage.

– Une hirondelle ne fait pas l'avenir, insiste Proverbe, sceptique, qui s'en tient à la sagesse populaire, pleine de bon sens, mais parfois trop pragmatique.

– Non s'obstine Augure, elle l'annonce, elle l'éclaire, elle le montre, elle vient au-devant de lui et en même temps que lui. L'arrivée de l'hirondelle dans notre ciel et celle du printemps coïncident. À partir de cette coïncidence et de bien d'autres encore, nous avons établi des signes, des présages, des augures, des prévisions… »

Telles sont, en effet, les autres significations du terme « augure », dérivant du latin *augurium* ou, littéralement « observation divinatoire des oiseaux », qui a donné *augur*, « prêtre qui fournit des présages favorables ». Autrement dit, initialement, les messages, les prévisions, les divinations délivrés par les *augurs* se révélaient toujours bénéfiques. « Augure au sens de présage, divination, est emprunté au latin *augurium*. Le mot vient de *augur* : prêtre qui fournit les présages favorables, puis réservé aux présages favorables eux-mêmes, c'est-à-dire propres à accroître (*augere* : augmenter).[2] » D'ailleurs, *Augustus*, à l'origine de notre mois d'août, du prénom Auguste et de l'adjectif auguste, pris dans le sens d'imposant, digne de respect, signifiait : consacré par l'augure, promis au succès par les dieux. Par la suite, augure prendra le sens de prévision bonne ou mauvaise. Mais antérieurement, il ne s'agissait que d'un bon augure.

Mes premiers pas dans ce royaume

En ce qui me concerne, tout commença avec ma mère, une femme croyante et superstitieuse, aimant son mari très aimant lui aussi, mon père, mais, paradoxalement, athée, ou qui se disait tel sans savoir ce que cela signifiait vraiment. Ma mère croyait en Dieu, en la Vierge Marie surtout, dont elle eut la vision à trois reprises au cours de son existence. Ce genre d'apparition est bien plus courant qu'on veut bien le croire. Cela faisait sourire mon père. Cependant, très amoureux de sa femme, il n'envisageait pas un instant de la contredire. Quant à lui,

2. *Dictionnaire historique de la langue française*, Dictionnaires Le Robert, Paris, 1992.

bien qu'athée, il croyait à l'influence des astres, se procurant chaque mois un magazine consacré aux horoscopes.

Tout commença donc avec les intuitions dont se confiait volontiers ma mère à mon père et à moi. Elle disait : « J'ai des indices… ». Ses « indices » se révélaient tantôt bons, tantôt mauvais. Mais le plus souvent, ils s'avéraient exacts. Il s'agissait de pressentiments, bien sûr. Et puis, pour se protéger du méchant sort, elle s'interdisait par exemple de poser un chapeau sur un lit, d'ouvrir un parapluie dans la maison ou de déposer un pain à l'envers sur une table.

Lorsqu'une paire de ciseaux lui échappait des mains, elle tapait trois fois du talon de son pied droit dessus « pour faire venir la chance et l'argent », disait-elle, surtout si ses ciseaux tombaient lames fermées. En revanche, s'ils restaient ouverts dans leur chute, elle s'en méfiait comme de la peste, y voyant un signe de malheur ou de malchance. Auquel cas, si elle se trouvait seule, elle se gardait bien de les ramasser. Elle attendait le retour de mon père ou le mien pour demander à l'un comme à l'autre de le faire à sa place, en prenant bien soin de refermer les lames avant pour conjurer le sort.

Lorsque mon père débouchait une bouteille de vin, si elle voyait un anneau dans le goulot, selon elle, cela présageait d'une bonne nouvelle à venir. Plus l'anneau résistait, plus la nouvelle serait agréable et d'importance, assurait-elle.

« Ne passe jamais sous une échelle, me conseillait-elle encore. Cela porte malheur. Si tu en vois une sur ton passage, fais un détour. » « On ne dit jamais deux sans trois ! », affirmait-elle chaque fois qu'un fait anecdotique ou un événement similaire au premier, heureux ou malheureux, se reproduisait…

Ne s'agissait-il là que de superstitions au sens où nous l'entendons communément, c'est-à-dire de pures croyances irrationnelles et infondées, issues d'un passé révolu ? Et si ces gestes, sinon barrières avant la lettre, du moins protecteurs, purs produits de la mémoire inconsciente collective, reproduits depuis des siècles, voire des millénaires pour certains, s'avéraient finalement pleins de bon sens et de sens, tout simplement…

Pour en avoir le cœur net, faisons un bref inventaire des « superstitions » auxquelles croyaient ma mère, et beaucoup d'autres femmes avant et avec elle et qui, si je puis dire, n'ont pas perdu une ride. Commençons par le chapeau.

Le chapeau

Le mot « chapeau » partage une racine latine commune avec cape, capuchon et chape, dans le latin *capellus*. À partir de cette même racine, furent formés les mots *capillus* (cheveu), capote et capot, capitaine et capital, *capitalis*, décaper, « ôter la chape » qui, par extension, signifiera « mettre à nu une surface » ; et, ce qui semble plus surprenant, mais parfaitement révélateur du rôle dominant que joue la tête, chapelle et chapelet.

Il semble que, dès le VIIe siècle de notre ère, on employait le mot « chapelle » pour désigner exclusivement le manteau de saint Martin, conservé en relique à la cour des rois francs. Puis, peu à peu, ce nom finit par désigner la bâtisse consacrée à Dieu, attenante à une église ou à un domaine royal, dans laquelle on conservait les reliques des saints, fort prisées des croyants à partir du VIIIe siècle environ.

Quant à l'origine du chapelet, elle nous renvoie directement à celle du chapeau et à ce qu'il symbolise : la couronne ! En effet, on employa d'abord « chapelet » pour désigner la couronne de roses que portait la Vierge Marie, d'où le terme de « rosaire » qui, comme on le sait, signifie aussi bien la prière que le collier de grains ou de pierres enfilés que l'on manipule en récitant son rosaire.

Par ailleurs, le chapeau se révélant plus communément un couvre-chef, il nous renvoie encore à la racine latine originelle caput, qui donnera « chef ». Mais revenons au lien symbolique étroit du chapeau avec la couronne. En effet, avant de protéger de la pluie et du froid la tête des hommes et de coiffer joliment les dames, il était l'attribut des rois, des reines, de ceux qui détenaient et exerçaient le pouvoir, lequel, en ces temps reculés, possédait encore un caractère sinon divin, du moins sacré.

Ainsi, sa racine étymologique latine croise une autre racine indo-européenne plus lointaine, dans *kor* ou *ker*, d'où dérivent « couronne », bien sûr, mais aussi « corne » et « cerveau ». Or, tout laisse supposer que la première couronne symbolisant la puissance, la souveraineté, le pouvoir conféré à un homme par ses congénères, était pourvue de cornes (les deux cornes du taureau, par exemple, dont nous savons qu'elles furent utilisées pour former la première lettre de l'alphabet qui, par la suite, fut renversée et devint le A).

Le chapeau nous renvoie donc toujours à une supériorité quelconque exercée ou incarnée par la personne qui le porte, à un rôle majeur ou primordial joué par un individu, et, d'un point de vue symbolique, nous devons le considérer comme tel. Il se dégage toujours une certaine noblesse dans le port du chapeau, de la classe et, qui sait, un certain sentiment de supériorité conscient ou inconscient de la part d'une personne chapeautée.

D'ailleurs, ne dit-on pas « tirer son chapeau » ou « chapeau bas ! », lorsque nous voulons témoigner de notre admiration, honorer ou complimenter une tierce personne... « Même si ta poche est vide, veille à ce que ton chapeau reste droit », dit un proverbe espagnol, soulignant là encore la dignité se rattachant au chapeau. Et pour mettre en garde celles et ceux qui se prennent aisément la « grosse tête » ou qui nourrissent précisément un sentiment de supériorité, les Américains ont un dicton : « Le prix de votre chapeau n'est pas la mesure de votre cerveau. »

Bref, on comprend dès lors que déposer négligemment un chapeau sur un lit peut entraîner de graves conséquences, du fait de l'analogie de son nom avec celui de la couronne. Un tel geste inconscient symbolique équivaut à déposer une couronne mortuaire sur une tombe. Il invoque et évoque la mort en quelque sorte, le lit symbolisant, quant à lui (entre autres, bien sûr), la dernière couche du gisant.

Et puis, poser son chapeau sur un lit, un canapé ou un fauteuil, au risque que quelqu'un s'asseye dessus, peut aussi augurer d'une perte de dignité subie ou voulue, inconsciemment bien sûr, de la part de l'individu qui laisse traîner son chapeau n'importe où.

Enfin, si l'on s'attarde sur l'expression populaire « en baver des ronds de chapeau », dont l'origine remonterait au XIXe siècle, nous comprenons pourquoi il vaut mieux résister à la tentation de ramasser un chapeau perdu, que nous trouvons inopinément dans la rue ou n'importe où, au risque d'hériter des difficultés ou des souffrances de la personne qui le portait. En effet, pour confectionner des chapeaux haut-de-forme ou melon, les modistes utilisaient une pièce de plomb circulaire afin d'en renforcer les bords, qui pesait son poids et les contraignait à produire des efforts parfois douloureux.

Le parapluie

On pourrait croire que le parapluie est une invention récente et moderne. En réalité, on trouve déjà des parapluies figurant sur des miniatures chinoises datées du IIe siècle avant notre ère. En Europe, il semble qu'il fit une apparition timide en France au XVIIe siècle, beaucoup plus remarquée au début du XVIIIe siècle, par l'entremise d'un voyageur et aventurier anglais, sir Jonas Hongway, qui rencontra de nombreuses difficultés pour l'introduire dans les mœurs des Britanniques, des Londoniens surtout, dont pourtant le ciel ne bénéficie pas d'un temps des plus cléments. Or, comment imaginer désormais un Londonien typique sans son parapluie et son chapeau melon ?

Mettant à l'abri de la pluie celle ou celui qui le porte, le parapluie devint évidemment un symbole de protection contre les intempéries bien sûr, mais aussi contre tout ce qui tombe du ciel. Toutefois si, selon l'adage bien connu, « tout ce qui tombe du ciel est béni », en ouvrant un parapluie au-dessus de notre tête, n'encourons-nous pas le risque de nous couper des bienfaits qui peuvent provenir du ciel, et donc de toutes les énergies positives, bienfaisantes et régénératrices.

De telles craintes justifient-elles le mauvais présage attribué au parapluie ouvert dans une maison, annonçant une dispute, un accident à venir ou, pis encore, la mort d'un proche parent ou d'un ami ? En réalité, ce présage repose précisément sur le bon sens et l'humour anglais. En effet, il semblerait que, au XVIIIe siècle toujours, les armatures des premiers parapluies vendus à Londres se révélant bien peu résistantes, voire dangereuses lorsqu'on les déployait ou les refermait en sortant de chez soi ou en y rentrant, de nombreux accidents se produisirent, blessant parfois gravement la personne qui le portait, voire une tierce personne ou un enfant se trouvant près d'elle.

Pour prévenir de tels risques d'accident, et en attendant que les fabricants de parapluies en consolident les armatures, grâce au bouche-à-oreille qui s'avère depuis toujours le meilleur réseau de communication, ce mauvais présage attribué aux parapluies, inventé à titre préventif, en devint un à part entière et subsiste encore de nos jours.

Le pain

Au pain se rattachent des croyances, des mythes, des mystères assez faciles à comprendre ou à décrypter. Certes, si l'on se place d'un point de vue scientifique, biologique, chimique et physique notamment, nous savons tout du pain. Il n'empêche, les ingrédients utilisés et la méthode employée pour le fabriquer conservent toujours toute leur magie. Ainsi, un peu partout dans le monde, le pain et la galette, s'ils ne constituent plus nécessairement les aliments de base, n'en demeurent pas moins les compléments indispensables d'un repas.

Toutefois, l'alchimie que sous-tend la fabrication du pain, transformation de ses ingrédients sous l'effet de la cuisson et donc du feu, se révéla une source d'inspiration des prêtres et des magiciens de l'Antiquité. Ils virent en lui un don des dieux, mais aussi une merveilleuse représentation de la transformation spirituelle que l'être humain se doit d'accomplir.

Un pain contient-il ainsi toutes les richesses de la terre. Il s'agit d'un pur produit fabriqué par l'être humain à partir de la terre labourée, du grain semé, du blé cultivé, fauché, dont il faut broyer les grains pour les transformer en farine. Mélangée, puis pétrie avec du levain, de l'eau et du sel, la farine devient pâte qui se lève lentement à température ambiante, qui cuit enfin dans un four. Ainsi, le pain était la nourriture de base essentielle, vitale de nos ancêtres (lors de la Révolution au XVIIIe siècle, les insurgés et les émeutiers de Paris réclamaient du pain), le pur produit de leur labeur, et nous lui accordons toujours la valeur qu'ils lui donnaient.

De plus, symbole de communion et de partage dans la religion chrétienne, mais aussi, en remontant le temps, dans de nombreux rituels des religions de l'Antiquité, le pain possède un caractère sacré. Ne dit-on pas « c'est pain bénit », lorsque nous nous trouvons dans une situation chanceuse ou facile, ou lorsque nous avons affaire à une personne charmante, compréhensive, toujours d'humeur égale ?

Voilà pourquoi nous ne devons surtout pas déposer un pain à l'envers sur une table. Cela va à l'encontre du respect porté au caractère sacré du pain et ne présage rien de bon. Toutes sortes de maux pèsent alors au-dessus de la tête de celle ou de celui qui commet ce geste sacrilège, notamment dans sa vie amoureuse. « Mettre le pain à l'envers, empêche les amours », dit un proverbe français. De même, mieux vaut mieux rompre le pain, que le trancher. Dans le second cas en effet, nous créons malgré nous des dissensions, des querelles, des conflits dans lesquels nous nous trouverons prochainement impliqués. Tandis que dans le premier cas, nous nous assurons de relations agréables et harmonieuses.

Ici, difficile de distinguer les justes précautions des croyances irrationnelles. Toutefois, lorsque présages et superstitions se confondent, ne convient-il pas de céder à des réflexes naturels de prudence afin de ne pas nous mettre sottement en péril. Voyons cela avec l'échelle, par exemple…

L'échelle

En passant délibérément sous une échelle, par défi ou par jeu, sachant ce que cela signifie, nous nous montrons, sinon prêts à prendre tous les risques, du moins désinvoltes, indifférents aux conséquences bonnes ou mauvaises de nos actes. Tandis que passer involontairement sous une échelle – ce qui constitue en quelque sorte un acte manqué ou un rêve éveillé –, nous invite à prendre conscience de nos responsabilités et des conséquences de nos actes conscients et inconscients. Ce passage involontaire sous une échelle peut encore se révéler un avertissement, le « présage » d'une erreur que nous nous apprêtons à commettre.

Passer sous une échelle

La superstition suivant laquelle passer sous une échelle porte malheur n'est pas très ancienne. Historiquement, elle remonterait à ces périodes tourmentées en Europe, au XVIIIe siècle notamment, où il était d'usage de faire passer les condamnés à la pendaison sous l'échelle donnant accès au gibet. Mais le fait qu'une échelle positionnée de la sorte forme un triangle avec le mur et le sol joua sans doute un rôle important dans ce mauvais présage. En effet, d'un point de vue symbolique, passer dans un triangle formant un angle droit, dit rectangle, équivaut à une perte d'équilibre. Cette résonance inconsciente du risque d'une perte d'équilibre, et des effets néfastes qu'elle peut engendrer, donna tout son poids et sa persistance à cette superstition.

Cependant, le fait de passer sous une échelle s'avère un mauvais présage depuis si longtemps, qu'il trouve probablement son origine dans le mythe biblique de l'échelle de Jacob. Essayons d'en comprendre la signification qui nous concerne tous.

Le récit biblique de l'échelle de Jacob

S'endormant sur une pierre dont il fit son chevet, Jacob eut un songe : il vit une échelle reposant sur la terre ferme, dont le sommet atteignait le ciel, et des anges qui montaient et descendaient le long de cette échelle. Et au sommet de l'échelle se tenait Dieu. Si l'on en croit ce récit biblique (La Genèse, XXVIII, 12-22), Jacob crut voir dans son rêve la « porte du ciel ». Il l'interpréta sous l'angle d'un serment de fidélité qu'il devait faire à son Dieu, à condition toutefois que Dieu le protège infailliblement et en toutes circonstances. Et tel Jésus consacrant l'apôtre Pierre beaucoup plus tard, Jacob posa la première pierre de la maison de Dieu à l'endroit où il eut ce songe.

Essai d'interprétation du songe de Jacob

Le fait que le bas de l'échelle repose sur la terre et que son sommet touche le ciel est une belle illustration de la nécessité pour chacun d'entre nous (ici, pour Jacob) de prendre conscience qu'il existe un lien entre la terre et le ciel, la vie matérielle et la vie spirituelle, la raison et l'imagination, l'esprit logique et l'intuition, le visible et l'invisible, et, dans l'absolu, entre la vie et la mort. Nous ne pouvons et ne devrions pas les dissocier.

Les anges montant et descendant le long de l'échelle figurent les courants énergétiques du corps circulant de bas en haut et de haut en bas. Nous savons, par exemple, que notre sang, qui se renouvelle sans cesse en passant par le cœur, circule en montant et descendant le long de nos artères et de nos veines. Il en va de même de tous les courants montants et descendants qui suivent les nerfs de notre colonne vertébrale. Là encore, nous ne pouvons pas dissocier le bas du haut, notre terre de notre ciel physiologiques en quelque sorte. À l'instar de l'arbre, l'être humain doit laisser circuler la sève ou les courants de la vie librement en lui. L'énergie primordiale spirituelle, pure, spontanée, qui ne s'exprime pas exclusivement sous forme de pulsion sexuelle (la libido), mais aussi dans toutes les formes de créations, génère et active cette montée de sève.

Aujourd'hui, nous pourrions dire à Jacob que son psychisme inconscient, ou Dieu en ce qui le concerne, lui révèle qu'en implantant solidement les pieds de l'échelle de son ambition ou de son aspiration profonde à s'élever sur la terre ferme de la réalité matérielle, et en s'efforçant de garder relié le haut et le bas, il deviendra un être humain à part entière. Il ne doit en aucun cas privilégier la matière au détriment de l'esprit ni l'esprit au mépris de la matière. L'esprit et la matière ne font qu'un.

Pour ne jamais l'oublier, il posera une pierre, l'un des plus anciens symboles sacrés de l'humanité, à l'endroit où il eut ce songe. En nous inspirant d'un tel récit mythique et symbolique toujours d'actualité, nous comprenons pourquoi passer inconsidérément sous une échelle relève d'un acte manqué ou d'une périlleuse négligence, et comment nous devrions marquer d'une pierre certains endroits de notre mémoire afin de ne pas oublier l'essentiel : nous ne devons pas dissocier le haut du bas, la pensée du penseur, le sacré du profane.

Pierre, papier, ciseau

Nous connaissons tous ce jeu de hasard ou de probabilités avant la lettre, d'origine chinoise, très prisée au Japon depuis fort longtemps et en Occident depuis le XIXe siècle. Le *Soushiling*, le « jeu des signes et des mains », comme on le nommait en Chine lorsqu'il apparut durant la dynastie Min ou Qin, entre 206 avant notre ère et 220 de notre ère, mettait en présence deux concurrents. Pour se départager, ils s'affrontaient en réalisant des signes avec leurs mains, un peu comme dans les jeux du théâtre d'ombres chinoises. Tout laisse d'ailleurs supposer que les montreurs d'ombres chinoises inventèrent ce jeu.

Le poing fermé représente la pierre, la main tendue doigts serrés, le papier (le papier ou la feuille, mais, au tout début de ce jeu, probablement un morceau de tissu) et le poing en partie serré, l'index et le majeur tendus, écartés, les ciseaux. Les deux joueurs présentent simultanément leurs mains en symbolisant qui la pierre, qui le papier, qui les ciseaux. La pierre détruit les ciseaux, mais se fait envelopper par le papier, qui se fait lui-même couper par les ciseaux. Le but du jeu consiste à remporter au moins trois fois la mise avec, par exemple, la pierre contre les ciseaux, le papier contre la pierre, les ciseaux contre le papier.

En faisant allusion à ce jeu surnommé *Shifumi* au Japon, ou le « jeu des trois coups » (en japonais, *Shi* signifie 1, *Fu* 2 et *Mi* 3), nous allons pouvoir relever les présages relatifs à la pierre, à la feuille de papier, à la paire de ciseaux et au nombre trois.

La pierre

À la pierre se rattachent de fameux adages et de non moins fameuses métaphores, dont notamment « pierre qui roule n'amasse pas mousse », « ne pas jeter la première pierre », « faire d'une pierre deux coups », « un cœur de pierre », qu'il me semble inutile de commenter. En revanche, nous savons moins que jeter une ou des pierres sur l'ombre de quelqu'un peut nuire à cette personne, tandis que jeter ou faire rouler une pierre dans un lieu sacré, tels une église ou un temple par exemple, porte bonheur et assure aide et protection pour la jeteuse ou le jeteur. Sans parler des pierres portées telles des amulettes, des pierres sacrées et des pierres précieuses. Parlons-en, justement…

Les pierres précieuses et protectrices

L'agate

Il s'agit bien d'une pierre semi-précieuse, pas rare pour autant. En effet, il en existe de nombreuses variétés aux couleurs très variées elles aussi. Il n'empêche, les travailleurs de la terre, dans l'Antiquité, croyaient qu'en portant une agate, ils se donnaient les meilleures chances d'obtenir une récolte abondante.

Il n'était donc pas rare de voir une agate suspendue à l'attelage d'une charrue. De nos jours encore, il s'agit de la pierre porte-bonheur des jardiniers.

Mais d'autres croyances se rattachent à l'agate depuis des millénaires, dont la plus fréquente et tenace se résume à son pouvoir de protéger de la foudre celle ou celui qui la porte. Au Moyen Âge, on pensait aussi qu'elle préservait des sorts, des démons, des poisons et donc de tous les maux et malheurs produits ou générés par les faiseurs de maléfices. Enfin, on croyait que l'agate guérissait ou du moins qu'elle soulageait toute personne victime d'une piqûre d'insecte, de scorpion ou d'une morsure d'araignée ou de serpent, et donc contaminée par du venin.

L'améthyste

Il s'agit d'une pierre de quartz cristallin dont le nom contient déjà en lui-même toutes les vertus et les pouvoirs qu'on lui attribue depuis l'Antiquité. Améthyste signifie littéralement « qui n'est pas ivre ». Son nom vient du grec *amethustos*, dont l'origine étymologique se trouve dans le mot *methuien*, grec lui aussi, qui signifie « s'enivrer ». Probablement en raison de ses teintes violacées rappelant le lie-de-vin, et dues à l'oxyde de fer, on la croyait pourvue du pouvoir de préserver de l'ivresse ou de guérir les alcooliques. Symbole de l'autorité, elle conférait une aura d'humilité, de la tempérance, une certaine pureté morale, de la noblesse des sentiments à celle ou à celui qui portait cette gemme.

La calcédoine

La calcédoine tire son nom de l'antique cité de Khalkedôn, ville de Bythinie, située sur le Bosphore, d'origine thrace[3]. L'agate, le jaspe, l'onyx, l'héliotrope et le silex, entre autres, sont autant de variétés de la calcédoine ou quartz microcristallin. Cependant, la pierre la plus représentative de cette espèce minérale présente un bel aspect translucide, bleu et gris. La porter sur soi stimule les énergies positives et la vitalité. Cette pierre rend plus fort(e), plus résistant(e) celui ou celle qui la porte. Si on la conserve chez soi, dans un endroit secret, elle protège de la foudre. Elle chasse aussi les idées noires, la mauvaise humeur, les cauchemars et elle serait un excellent remède contre la dépression.

La chrysolite

La pierre d'or, désignée ainsi par son nom d'origine grecque et en raison de sa couleur vert-jaune

---

3. Région de la péninsule balkanique partagée de nos jours entre la Bulgarie, la Grèce et la Turquie.

et de son éclat, connut un grand succès au Moyen Âge. En ce temps-là en effet, les croyances et les témoignages se rattachant aux fantômes foisonnaient. Ainsi, depuis les XIIIe et XIVe siècles au moins, garder une chrysolite près de son lit ou sous son oreiller préserve non seulement des revenants, mais calme aussi les crises d'angoisses nocturnes, les insomnies, les bouffées de mélancolie et apaise les esprits malades et agités. Ainsi, en dehors du fait qu'elle éloigne les spectres et les esprits, errant après la mort ou hantant certains lieux, les vertus attribuées à la chrysolite contre toutes les formes de stress et d'angoisses suffisent largement à notre plébiscite.

La cornaline

La cornaline, une calcédoine rouge, tient son nom de sa transparence cornée. En raison de sa couleur rouge sang, on la surnomme parfois « carnéliane », par allusion au latin *carne*, « la chair ». Attribut de la déesse égyptienne *Isis*, on l'associe à la passion, à la sensualité, à la possession, à la chair et au sang, mais aussi au cœur sacré, à l'amour absolu. L'offrir à une femme constitue un gage d'amour et la porter, pour elle, est un précieux remède naturel et pour le moins magique contre tous les troubles relatifs au sang : menstruations, blessures, échauffements du sang que sont la colère et les passions.

Le diamant

D'où vient le prix inestimable attribué à cette pierre ? Moins en raison de sa rareté (d'aucuns prétendent même qu'il en existe des stocks conservés jalousement par les diamantaires afin d'en augmenter les prix), que du mystère qui l'entoure et de sa beauté naturelle presque parfaite. Enfoui au plus profond de la terre, jusqu'à plus de 150 kilomètres parfois, soumis à des pressions et à des températures extrêmes qui le rendent d'une pureté inégalable, mais aussi d'une résistance étonnante, le diamant devint le symbole de la pureté et de la perfection.

Dès lors, tout ce qui se rapporte à la foi, à l'innocence, à la lumière divine, aux vertus les plus nobles de l'esprit et du cœur se rattache à cette pierre, précieuse entre toutes. Ainsi, depuis fort longtemps, attribuons-nous au diamant des vertus bienfaisantes et salvatrices. Il procure force, harmonie, amour, droiture, loyauté, fidélité, sérénité, sagesse, bonheur, richesses, fermeté, pouvoir absolu à la personne qui porte ou possède un diamant. Jadis, on croyait même que sa pierre la rendait quasiment invulnérable. Même au plus petit diamant qui soit, on attribue de tels pouvoirs...

L'émeraude

Le grec *smaragdos*, d'où dérivera le latin *smaragdus* qui donnera, quant à lui, « émeraude », tient son origine d'un mot sémitique qui signifiait « brillant ». En espagnol, « émeraude » se dit *esmeralda*, que Victor Hugo empruntât pour baptiser l'héroïne de *Notre-Dame de Paris*. Pierre de sagesse selon les Grecs anciens, le plus souvent d'une belle couleur verte, elle dispense du bonheur, de la joie, des sensations agréables et tous les plaisirs de l'existence à celui ou celle qui la porte. De plus, ses vertus thérapeutiques fort nombreuses en font quasiment la pierre du remède miracle.

L'escarboucle

Il s'agit en réalité du surnom que l'on donne au rubis, la brillance de cette pierre se rapprochant de l'éclat du charbon ardent. Escarboucle ou *carbunculus*, en latin, signifie « petit charbon ». Quant au rubis, il tient son nom du latin *rubeus*, qui signifie roux ou roussâtre. Les Grecs anciens en firent l'attribut de *Arès*, l'astre-dieu de la guerre, en raison de l'analogie entre sa couleur, le sang et le feu symbolisant la vitalité, l'énergie, la vie.

Cependant, malgré son lien avec *Arès*, le rubis possède des vertus plus protectrices et bénéfiques, qu'énergétiques. Dès lors, si cette gemme de feu stimule ou excite encore un peu plus les tempéraments ardents et passionnés, la porter sur soi ou la placer sous son oreiller la nuit durant son sommeil, chasse la mélancolie, adoucit les mœurs, les esprits exaltés, stimule la pureté, la fidélité des sentiments, rend amoureux et loyal, dispense un peu de sagesse et de réflexion à qui en manque, favorise enfin le bonheur et la prospérité. Pourquoi s'en priver?

Le jaspe

Il s'agit d'une pierre opaque, portant de nombreuses marques colorées. En plus de faire figure de remède miracle, on lui attribue de multiples pouvoirs. Par exemple, elle favoriserait les visions et les états médiumniques. Les Amérindiens eux-mêmes l'employaient dans leurs rituels de pluie. On l'utilisait donc couramment dans la magie et dans la sorcellerie. Par ailleurs, elle semblait pouvoir protéger de tous les maux et fléaux de la nature, mais aussi des accidents et des blessures.

Ainsi, depuis l'Antiquité et durant tout le Moyen Âge, on employait le jaspe pour soigner et guérir presque toutes les maladies. Il faut dire que les médecins grecs Dioscoride (Ier siècle après J.-C.) et Galien (v. 131-v. 201) et le naturaliste romain Pline l'Ancien (23-79) en vantèrent les vertus. Selon eux, elle produisait des effets immédiats contre les maux d'estomac, du foie, des reins, du cœur.

L'onyx

D'emblée, nous nous devons de faire allusion à la fameuse pierre d'onyx qui se trouve dans l'église Saint-Michaël de Saint Albans, au nord-ouest de Londres, où repose le philosophe et homme politique anglais Francis Bacon (1561-1626). Du temps de ce grand chancelier, on croyait que celle ou celui qui portait cette pierre possédait le don d'invisibilité et celui de pouvoir guérir miraculeusement de n'importe quelle maladie. Toutefois, réputée aussi pour exercer une mauvaise influence sur le caractère, on la croyait capable de provoquer des querelles, des conflits, des crises relationnelles ou des ruptures. Prudence donc, avec cette pierre, que l'on peut en effet soupçonner de dégager des vibrations négatives, du fait même que Francis Bacon, malgré sa grande intelligence, ne fut pas un saint, mais un haut personnage corrompu et malveillant.

L'opale

L'origine de son nom remonte au sanskrit *upalah*, signifiant « pierre », d'où le grec *oppalios*, puis le latin *opalus*. Très appréciée pour son éclat, sa beauté, elle devint l'attribut de la *Trimûrti*, nom qui, en sanskrit, signifie littéralement « qui a trois formes », la Trinité hindoue, composée de Brahma, le créateur, Vishnou, le conservateur, et Shiva, le destructeur. Plus tard, les Grecs et les Romains virent aussi en elle de nombreuses vertus. Des anecdotes existent, en rapport avec cette pierre précieuse. La plus célèbre d'entre elles met en scène un sénateur romain nommé Nonius, qui possédait, dit-on, une opale à l'éclat bleu incomparable. Or le fougueux Marc Antoine convoitait cette pierre qu'il souhaitait ardemment offrir à Cléopâtre. Mais le sénateur choisit l'exil plutôt que de céder à la volonté de l'homme politique romain.

Outre son inestimable vertu de favoriser et de protéger contre les périls du temps, à laquelle on croit toujours, la porter sur soi aide à garder son calme, à ne pas se laisser submerger par ses émotions, rend plus confiant, plus serein, plus tendre aussi. Elle préserverait également des maladies cardiaques, des infections en tout genre, stimulerait les facultés cérébrales, les bons pressentiments, la réflexion et la clairvoyance. Comme on le voit, la propriété la plus flagrante de cette pierre semble bien d'apaiser l'esprit.

La topaze

Selon une légende rapportée par Pline l'Ancien dans son *Histoire naturelle*, son nom grec *topazus*, *topazion* ou *topazon* dériverait d'un mot issu d'un dialecte africain, celui des Troglodytes (peuple ancien dont nous ne savons quasiment rien), et désignerait une île de la mer Rouge, aujourd'hui disparue, où l'on aurait trouvé cette pierre pour la première fois, au Ier siècle de notre ère. Toujours selon cette même légende, sur cette île, des serpents en grand nombre gardaient ces pierres dont les feux étincelaient la nuit, donnant à l'île fréquemment recouverte d'un brouillard épais, une clarté surnaturelle.

Cette fameuse clarté défiant la nuit et les forces des ténèbres attribua d'emblée à cette pierre la force du feu de Dieu qui ne s'éteint jamais, la foi qui déplace les montagnes, l'honnêteté, la pureté, la droiture et la loyauté. La porter sur soi ou près de soi apporte richesse et prospérité, et la reconnaissance de ses mérites. Elle protège aussi de la malveillance. Parmi ses vertus thérapeutiques fort nombreuses, citons ses propriétés propices à guérir toutes les affections grippales, virales, hépatiques, sanguines, mais aussi et surtout les affections oculaires.

Le saphir

Cette pierre est bleue, comme son nom d'origine arabe *safir* et hébraïque *sappîr* nous l'apprend. Très appréciée des Perses et de la Papauté (Alessandro Ludivisi, le pape Grégoire V [1554-1623], malgré un pontificat qui ne dura que deux ans, de 1621 à 1623, fit officiellement du saphir la pierre des cardinaux), elle favorise la noblesse du cœur et de l'esprit de qui la porte. Elle protège des ondes néfastes, de pensées négatives, des personnes nuisibles, confère de belles qualités morales et rend heureuse et courageuse la personne qui la garde près d'elle. On dit aussi qu'elle fait disparaître tout mouvement de colère, tout sentiment de rancune et que, en cas de crise de rhumatismes, la toucher peut soulager celle ou celui qui en souffre.

Le papier

Si vous voulez vous débarrasser de vos mauvaises pensées ou, tout simplement, calmer vos esprits agités qui peuvent vous rendre nerveux ou vous empêcher de dormir, procurez-vous une feuille de papier, écrivez dessus tout ce qui vous passe par la tête, puis allez vous promener en emportant cette page manuscrite avec vous. Ensuite, en marchant, déchirez votre feuille de papier en de multiples petits morceaux que vous jetterez au fur et à mesure. Il ne s'agit pas d'un rituel très écologique, mais il peut se révéler salutaire.

Si vous voyez un morceau de papier par terre (ou une lettre) ramassez-le, il pourrait bien constituer un signe de bon augure pour vous, le présage d'une bonne nouvelle que vous apprendrez prochainement ou d'un message agréable que vous recevrez d'une personne chère à votre cœur.

Les ciseaux

Une paire de ciseaux qui vous échappe des mains et tombe les lames ouvertes au sol ne semble jamais de très bon augure. Selon des croyances colportées par les modistes et les couturières notamment, dans cette position, il annonce une grave querelle, un conflit, voire une agression ou, dans le pis des cas, un deuil dans votre entourage. En particulier si les deux lames écartées sont dirigées vers vous. Ce mauvais présage vaut aussi pour un couteau que vous laissez tomber par inadvertance. Si, en tombant, sa lame pointe vers vous, vous pouvez en tirer les mêmes conclusions que pour vos ciseaux. En effet, tout laisse présumer que ce mauvais présage vous vise et vous concerne au premier chef.

En revanche, si les lames de la paire de ciseaux demeurent fermées en tombant, vous pouvez vous attendre à un gain inattendu ou à une victoire quelconque résultant d'un différend ou d'un désaccord avec une personne de votre entourage. Attention, dans tous les cas, vous ne devez jamais ramasser les ciseaux vous-même, au risque d'accentuer le mauvais présage ou d'annuler le bon.

Enfin, ne faites jamais cadeau d'une paire de ciseaux ou d'un couteau à une tierce personne sans vous piquer légèrement vous-même avec la pointe de la lame avant de les lui remettre, ou en donnant à ladite personne une petite pièce de monnaie. Dans le cas contraire, vous pourriez bien engendrer une discorde avec elle. »

On ne dit jamais deux sans trois

« Il est impossible de bien combiner ensemble deux choses sans une troisième, écrivait Platon ; il faut entre elles un lien qui les rassemble. »[4]

Cette citation suffirait à justifier qu'il convient effectivement de ne jamais dire « deux sans trois », puisque dès que deux éléments apparaissent, un troisième doit se manifester pour faire le lien entre eux, sinon ils s'opposeraient ou ils chercheraient à se détruire l'un l'autre. Toutefois, si nous ne pouvons dénier au nombre trois son rôle de média-

4. Platon, le Timée, *Sophiste - Politique - Philèbe - Timée - Critias*, Garnier-Flammarion, Paris, 1969.

teur ou d'agent de communication entre le un et le deux, ou de symbole du fruit des deux principes nourriciers que sont aussi le nombre un, masculin, et le nombre deux, féminin, et si nous ne doutons pas que la sagesse populaire s'appuie inconsciemment sur cette règle, il existe d'autres explications au pouvoir que nous accordons au nombre trois.

Nous lui prêtons une influence bénéfique lorsque nous comptons jusqu'à trois pour partir (« un, deux, trois… partez ! »). Ou lorsque nous croyons qu'une relation de couple ne commence vraiment qu'au troisième rendez-vous. Ou encore quand, ayant égaré un objet que nous recherchons en vain, nous nous asseyons, nous fermons les yeux, nous nous détendons et nous comptons jusqu'à trois pour pouvoir nous remémorer l'endroit où nous l'avons perdu ou déposé par mégarde. De fait, il existe de très nombreux rituels où le nombre trois joue un rôle crucial, ainsi que des formules magiques où en évoquant et prononçant trois fois le nom d'une chose ou d'une divinité, celle-ci ou celle-là nous apparaît.

En revanche, nous lui attribuons une influence sinon maléfique, du moins ambiguë, lorsque, menaçant un enfant dissipé ou désobéissant, nous lui disons « je compte jusqu'à trois », sous-entendu « avant de sévir ou de te punir ». De même, utiliser une seule allumette pour enflammer les mèches de trois bougies ou attiser trois cigarettes à la suite les unes des autres constitue un geste néfaste en cela qu'il fait référence à des rituels funèbres du Moyen Âge où le prêtre allumait trois bougies d'affilée pour honorer un mort.

Le nombre quatre et la formule magique de l'abracadabra

Un mauvais présage ne constitue pas, en soi, la prévision d'un événement néfaste qui se produira à coup sûr. Étant prévenus de son avènement probable, nous pouvons toujours le conjurer. Pour ce faire, il existe des formules magiques. L'une d'elles, prononcée au bon moment, dans le contexte idéal et de manière adéquate, peut agir d'une manière salutaire et nous débarrasser une fois pour toutes d'un mauvais présage. Prenons l'exemple de celle qui s'avère la plus populaire, si souvent employée dans les contes de fées, pour produire ou défaire un enchantement : abracadabra !

Bien que s'inspirant du grec ancien, cette formule provient de l'hébreu et offre ainsi des analogies avec les lettres-nombres de la kabbale. En hébreu donc, elle se disait *'arba' dak*, et signifiait littéralement « le quatre casse » (*'arba'* = quatre et *dak* = casser). Il s'agit bien sûr du quatre, Nombre sacré ou cryptogramme symbolisant Yahvé : le Dieu de l'Ancien Testament de la Bible. Et ce qu'il « cassait », c'était tout simplement les quatre éléments : le Feu, la Terre, l'Air et l'Eau.

En d'autres termes, abracadabra, dont les kabbalistes du Moyen Âge affirmaient que cette formule magique incantatoire signifiait aussi « père, esprit et parole » (*ab ruah dahar*), autrement dit « la parole de l'esprit du père », invoque les forces naturelles symbolisées par le nombre quatre qui dissolvent les quatre éléments présidant à la vie sur Terre, sans lesquels l'être humain ne pourrait pas vivre, afin qu'ils retrouvent leur harmonie originelle. En effet, jadis, cette formule s'employait exclusivement à des fins thérapeutiques. Elle soignait et guérissait le malade en agissant sur les quatre éléments.

La magie et les présages

Les pentacles et les talismans, ou les médailles protectrices des mauvais présages et des influences néfastes

Du grec *pente*, qui signifie « cinq », et peut-être *klaïos*, « clé », on surnommait le pentacle « l'étoile à cinq branches », au Moyen Âge. Dans toutes les philosophies antiques, le nombre cinq figurait symboliquement les cinq éléments constitutifs de l'« Harmonie du Monde ». Ainsi, selon Plutarque, au Iᵉʳ siècle de notre ère, « le Monde (…) est composé (…) de cinq mondes qui en forment l'Harmonie : l'un est la Terre, l'autre l'Eau, le troisième le Feu, le quatrième l'Air et le cinquième le Ciel, ce dernier étant appelé "Lumière" par les uns, "Éther" par les autres, par d'autres, enfin, "Quintessence" ».[5]

En se basant sur ces cinq éléments constitutifs de « l'Harmonie du Monde » relatée par Plutarque, les magiciens de l'Antiquité, et d'autres longtemps après eux réalisaient leurs pentacles. La plupart des pentacles utilisés en magie rituelle et pratique s'inspiraient aussi de la symbolique des 22 lettres-nombres de l'alphabet hébraïque et de celle des astres. Il existait donc des pentacles consacrés au Soleil, à la Lune, à Mercure, Vénus, Mars, Jupiter et Saturne, dont chacun devait se porter ou s'employer à des fins spécifiques. Par ailleurs, les lettres-

5. Plutarque, *Vies parallèles*, Gallimard, Paris, 2001.

nombres de l'alphabet hébraïque, qui constituent le code de la kabbale, y figuraient toujours.

D'abord réalisés sous forme de médailles métalliques en or, le métal du Soleil, en cuivre, celui de Vénus, ou en argent, attribué à la Lune, les alchimistes fabriquèrent ensuite des alliages de métaux pour fabriquer certains d'entre eux. On y gravait les lettres, les nombres et les symboles à caractère magique. Un pentacle devenait ainsi le support de la formule magique prononcé par le magicien.

Plus tard, apparurent les talismans, des pentacles que l'on pouvait porter sur soi, sous forme de bague rituelle, signe d'un titre honorifique obtenu par le magicien lors de son initiation, puis sous l'aspect d'un simple dessin réalisé sur du papier ou un morceau de tissu, qu'une personne devait porter sur elle pour bénéficier de certaines protections d'ordre magique.

Quelques pentacles ou talismans

Les deux pentacles ou talismans du Soleil

Le premier favorisait tous les rituels consistant à libérer certains êtres de leurs contraintes, de leurs obligations, de leurs difficultés matérielles ou d'un destin trop lourd à porter. Par analogie, plus tard, on l'utilisera pour protéger certains êtres de l'Inquisition et des risques d'emprisonnement ou de condamnation qu'ils encouraient.

Le second semble pourvu de bienfaits magiques bien plus actuels, puisque, selon les grimoires magiques venus jusqu'à nous, il favoriserait les jeux de hasard et d'argent si prisés de nos jours. Mais selon les mêmes croyances, les commerçants qui le porteraient peuvent espérer voir leurs affaires prospérer. Enfin, gravé sur de l'or pur, il serait un gage de grande fortune et il rendrait invulnérable celle ou celui qui le porte.

Le pentacle ou talisman de la Lune

Si vous vous procurez un tel talisman et si vous le conservez toujours près de vous, voire sur vous, sous forme de médaille, il vous protégera de tous les dangers de l'eau, mais aussi de la mauvaise humeur d'autrui. Par ailleurs, il aurait aussi un effet stimulant sur l'imagination, l'inspiration, l'intuition et les fonctions glandulaires.

Le pentacle ou le talisman de Mercure

Jadis, on l'appréciait pour favoriser la réflexion, les études, mais aussi la méditation. En d'autres termes, il aurait un effet tonifiant sur les facultés cérébrales et intellectuelles de celle ou de celui qui le porterait sur lui.

Le pentacle ou talisman de Vénus

Il s'agit probablement du talisman qui remporta le plus grand succès au cours des âges, auprès des femmes notamment. Le porter sur soi constituerait en effet une promesse, voire une certitude de trouver le grand amour dont chacune rêve toujours. Mais on l'utilisait aussi pour s'attirer la sympathie d'autrui, s'assurer de la fidélité de sa ou son partenaire, et les faveurs et protections des anges gardiens.

Le pentacle ou talisman de Mars

Voilà un pentacle ou talisman qui pourrait bien s'avérer encore fort utile de nos jours. En effet, selon la tradition, il permet de résister à l'adversité et de vaincre ses ennemis, quels qu'ils soient, ou, par exemple, d'obtenir aide et protection dans un procès – à condition bien sûr de ne pas se trouver dans son tort, hors-la-loi ou d'avoir commis quelques malversations. Le porter sur soi protégerait ainsi celles et ceux qui se trouvent dans leur bon droit, les aidant à plaider leur cause et à obtenir satisfaction.

Le pentacle ou talisman de Jupiter

Il s'agit là, à n'en pas douter, et depuis toujours, de la panacée des talismans, si j'ose dire, puisqu'il pourvoirait toutes les protections et tous les bienfaits à ceux qui le portent. Jadis, en le fabriquant ou en dessinant sa croix magique à l'intérieur d'un anneau, on le consacrait à l'archange Michel, le chef de la cohorte des anges, dont le nom hébreu Mikhaël, ou Michaël, signifie « qui est comme Dieu ». « Le Talmud nous apprend que Mikhaël ou Michaël atteint sa destination en un vol (Talmud, Berakhot, 4b et Isaïe, VI, 6). »[6] Dès lors, ce pentacle ou talisman assurait aussi de n'encourir aucun risque en voyageant et garantissait d'une réussite rapide dans toutes ses entreprises.

Le pentacle ou talisman de Saturne

On attribuait à ce pentacle, ou talisman, un grand pouvoir, puisqu'il permettait de résister à la tentation, à la haine d'autrui ou encore de chasser les

6. Marc-Alain Ouaknin, Dory Rotnemer, *Le Grand Livre des prénoms bibliques et hébraïques*, Albin Michel, Paris, 1993.

rancœurs et la rancune de son cœur. Ainsi, avec le temps, il conférait une certaine sérénité et de la sagesse à celles et ceux qui le portaient.

Le nombre treize

Passons du cinq au treize auquel nous accordons souvent un sens fatidique. Certes, d'aucuns, par esprit de contradiction, afin de conjurer le sort ou de renverser la valeur maléfique émanant du nombre treize, affirment qu'il porte bonheur. Après tout, le bonheur constitue bien l'autre versant du malheur et vice versa, au point que nous ne pouvons croire qu'un malheur nous touche, sans espérer un bonheur à venir.

Toute croyance à un présage bénéfique ou maléfique, voire sa simple évocation, engendre une résonance dans notre psyché inconsciente individuelle qui baigne dans la mémoire inconsciente collective, celle-ci influençant, ô combien, nos croyances précisément, nos habitudes, nos mœurs, etc. Que nous accordions ou non foi à ce présage, à partir de cette résonance, nos réflexes inconscients nous poussent malgré nous sinon à « y croire », si j'ose dire, du moins à prendre son existence en considération. En effet, dès lors que nous parlons d'une chose ou que nous l'évoquons, elle existe. Et, là encore, aussi raisonnables ou rationnels pensons-nous être, nul d'entre nous ne peut s'abstraire de l'existence – même virtuelle – d'une chose, du fait de sa présence dans notre champ de conscience.

Ainsi du nombre treize et du fameux mauvais présage de la présence de treize personnes attablées au même repas, qui évoque dans la mémoire collective la Cène, du latin *cena* qui signifie « repas du soir », le dernier repas que prit Jésus en compagnie de ses douze apôtres avant d'être arrêté, jugé et crucifié, et durant lequel il annonça la trahison de Judas. Dès lors, nous croyons qu'en nous retrouvant treize à table, l'un des convives trahira l'hôte ou l'hôtesse de ce repas, ou bien qu'un très mauvais sort pèse sur lui ou sur elle.

Les joueurs invétérés qui croient dur comme fer au bon hasard et à la chance, font fi de ce mauvais présage qui se rattache à Jésus et à la Cène. Pis ou mieux encore, tout dépend du point de vue où l'on se place, associant l'influence du nombre treize à celle du vendredi, jour réputé néfaste de la crucifixion de Jésus, ils interprètent tout vendredi treize du calendrier tel un jour de chance pour gagner le gros lot. Ce qui, bien sûr, ne se vérifie que très rarement…

L'hémérologie

Il s'agit d'un système astucieux à partir duquel nous pouvons établir les jours fastes et néfastes d'une année à venir et dont nous retrouvons les premières traces écrites en Mésopotamie au milieu du IIe millénaire avant notre ère. De nos jours, il perdure en Inde et en Chine où l'on ne prend jamais aucune initiative importante sans consulter son almanach hémérologique.

Ainsi, à propos du vendredi treize, lorsque le 1er janvier tombe un lundi, jour de la Lune, un mercredi, jour de Mercure, ou un dimanche, jour du Soleil, le ou les vendredis treize qui se produiront dans le courant de l'année se révéleront probablement neutres.

En revanche, un mardi 1er janvier, jour de Mars, et un samedi 1er janvier, jour de Saturne, laissent présager de vendredis treize aux influences néfastes.

Enfin, le 1er janvier d'une nouvelle année coïncidant avec un jeudi, jour de Jupiter, ou avec un vendredi, jour de Vénus, augure de vendredis treize bénéfiques.

Les présages de chance

« Nul n'est plus chanceux que celui qui croit en sa chance », dit un proverbe allemand. En d'autres termes, si nous voulons que la chance nous sourie, il faut d'abord croire en elle, en la sienne surtout.

D'où vient la chance ? Le mot « chance » tire son origine du latin *cadentia* qui signifie « les choses qui tombent ensemble, qui arrivent ». Il dérive de *cadus* et *cadere* à l'origine du verbe choir. Au Moyen Âge, « chance » se disait « chéance ». Ce mot désignait la manière dont tombaient les dés. Son contraire se disait « malechéance ». Ainsi, selon les circonstances dans lesquelles certains phénomènes de la nature se manifestaient à nos ancêtres, « tombaient ensemble » ou coïncidaient à l'instant où ils les observaient, ils leur attribuaient une signification particulière, annonciatrice de chance ou de malchance.

Depuis l'ancienne Mésopotamie jusqu'au cœur de la Renaissance, les prodiges et les manifestations curieuses, singulières de la nature s'estimèrent toujours tels des signes annonciateurs d'événements heureux ou malheureux pour les individus témoins attentifs de ces phénomènes et qui savaient les interpréter à bon escient. Les devins ou les initiés aux mystères de la nature se chargeaient quant à eux de déceler et de dévoiler le sens des présages que l'on pouvait déduire de tels phénomènes. De nos jours encore, nombre de présages relatifs à la chance gardent de leur authenticité et de leur influence, en particulier lorsque nous traversons des périodes de doute, de crainte ou d'espoir.

Doit-on vraiment y croire ?

La nature contient tant de merveilles, de prodiges et de mystères, qu'en étudier scientifiquement les principes et les fonctions n'exclut pas l'émerveillement que l'on peut éprouver devant la profusion de ses manifestations, l'immense diversité des formes de la vie. Seule cette capacité d'émerveillement que nous possédons permet d'accorder foi aux présages que nous pouvons lire dans le grand livre des mystères de la vie et de la nature, à condition de respecter les observations codifiées par nos ancêtres.

Les présages de chance relatifs à la nature

L'arc-en-ciel

Voir un arc-en-ciel est un signe d'alliance, d'union, de mariage ou de réconciliation.

La branche de bruyère blanche

Voir, trouver ou ramasser une branche de bruyère blanche est un signe de bonne santé, de vitalité, un présage de longévité ou bien cela augure d'un mariage heureux.

Le noisetier

Trouver un noisetier sur son chemin, en se promenant dans la campagne, par exemple, est un signe de richesse et de fécondité, de mariage heureux, mais aussi d'assurance pour le promeneur qu'il ne s'égarera pas sur le chemin de sa vie. Les Celtes voyaient dans le noisetier un arbre magique, symbole de science, de patience, de persévérance et de fécondité.

La pluie

Marcher sous la pluie porte bonheur, apporte une certaine plénitude, rend les idées claires, fécondes, productives. En effet, la pluie fut toujours perçue tel un don du ciel. Elle lave, purifie et fertilise la terre, mais aussi le corps et l'esprit.

Le pommier en fleurs

Voir un pommier en fleurs au printemps équivaut à recevoir une bonne nouvelle, tandis que s'asseoir en posant le dos contre son tronc, procure du bien-être.

La source d'eau

Trouver une source d'eau annonce une guérison aux personnes malades, souffrantes ou inquiètes pour leur santé. Cette trouvaille insolite peut également prédire une prise de conscience, une véritable révélation à l'origine d'un grand changement qui va se produire dans la vie de la personne qui fait jaillir cette source.

Le trèfle à quatre feuilles

Trouver un trèfle à quatre feuilles, voilà un fait exceptionnel, puisque, comme son nom l'indique, le trèfle se compose de trois feuilles. Il promet la fortune, la prospérité ou plus simplement une proche rentrée d'argent.

Les présages de chance relatifs aux animaux

La biche

Une biche qui croise notre route est un signe de persévérance, de sagesse, de force d'âme contre l'adversité. S'il s'agit d'un cerf, il nous prédit une belle vitalité et une non moins belle assurance dans les temps à venir.

La coccinelle

Une coccinelle se posant sur le revers de la main annonce plusieurs mois de chance et de prospérité que l'on calcule en fonction du nombre de taches qu'elle porte sur son dos. Si elle prend son envol sur l'auriculaire, cela augure d'une bonne nouvelle ; sur l'annulaire, d'une demande en mariage ; sur le majeur, d'une bonne idée ; sur l'index, d'un bon choix que l'on fera ; sur le pouce, d'une nouvelle passion à venir.

La colombe

Une colombe se posant sur le toit de sa maison laisse présager d'une période de paix, de sérénité, de prospérité et de plénitude dans sa vie et pour son foyer.

Le coucou

Si vous entendez le chant du coucou au printemps et à plusieurs reprises, vous pouvez croire que vous allez gagner plus de sous.

Les grenouilles

Entendre le chant des grenouilles peut laisser supposer que, très bientôt, vous allez vivre une passion amoureuse irrépressible.

Les grillons

Si vous entendez le chant des grillons, vous pouvez croire que vous allez recevoir de bonnes nouvelles d'une personne chère à votre cœur ou qu'elle va vous rendre visite prochainement.

L'hirondelle

Une hirondelle – encore elle – qui entre, vole dans une pièce de la maison et en ressort aussi vite annonce une bonne nouvelle, un événement heureux ou une naissance. Toutefois, si elle se pose ou se perche sur un meuble, en haut d'une armoire notamment, il s'agit d'une véritable bénédiction ou d'une promesse d'un grand bonheur pour les personnes présentes dans la pièce à cet instant magique.

Les moutons

Celle et celui qui croisent un troupeau de moutons par hasard peuvent se croire aussitôt heureux en amour, ou bien trouveront-ils le bonheur dans peu de temps.

Un papillon blanc

Voir un papillon blanc au début de l'été annonce une rentrée d'argent inattendue. S'il entre dans la maison, nous pouvons espérer une certaine prospérité durant l'année à venir.

Le rossignol

Entendre le chant du rossignol est une promesse de joie partagée et de relations agréables.

Les présages de chance relatifs aux objets

Un anneau ou une branche

Trouver un anneau, ou bien une branche, voire une herbe en forme d'anneau, équivaut à recevoir une demande en mariage, signer un contrat avantageux ou réaliser une alliance profitable.

Le clou

Trouver un clou porte chance. Il faut le ramasser et le garder sur soi. Il favorise la réussite de ses entreprises. Marcher sur un clou par mégarde annonce une bonne nouvelle inattendue.

Le couteau

Un couteau qui tombe à terre, la pointe plantée dans le sol, annonce une réussite, un succès, une gratification.

Une épingle

Trouver une épingle coïncide parfois avec la naissance d'un garçon, tandis que trouver une aiguille annonce la naissance d'une fille.

Un fer à cheval

Trouver un fer à cheval est un signe de chance pure et de richesses à venir.

Un peigne

Faire tomber un peigne ou une brosse à cheveux par maladresse s'avère un signe de richesse. Mais pour que ce présage se réalise, il convient de laisser le peigne ou la brosse à cheveux au sol durant au moins 24 heures.

La Lune et les présages

Aussi loin que nous remontions dans l'histoire de l'humanité, la Lune, objet de tous les fantasmes, de tous les rêves, de toutes les légendes et sujet de très nombreuses croyances, se trouve au cœur de toutes les préoccupations. Que les hommes du XXe siècle aient voulu atteindre la Lune et réussi à y envoyer des représentants non de l'humanité, mais des États-Unis d'Amérique, pour y planter un drapeau, geste symbolique de conquête, d'appartenance et de possession, en dehors de l'exploit technologique qu'il faut bien reconnaître à une telle aventure, quel bénéfice en retire-t-on aujourd'hui ?

En revanche, du temps pas si lointain où une observation attentive de la Lune et des phénomènes célestes, terrestres et autres qu'elle produit sous nos yeux chaque jour, depuis des centaines de millénaires, et des enseignements que nous pouvons en tirer pour prévoir et anticiper des événements naturels qui influent sur notre vie au jour le jour, sur notre environnement, sur nos humeurs et notre santé même, voilà qui n'en finit pas de nous être salutaire et profitable.

Ainsi, à la Lune, à son mouvement cyclique autour de la Terre, à son apparence changeante, à tous les signes du ciel qu'elle nous envoie, se rattachent de très nombreux présages dont nous pouvons vérifier la justesse en les observant et en en tirant des enseignements et des applications pratiques dans notre existence.

Lorsque vous en avez l'occasion, si cela vous tente, suivez les phases de la Lune et découvrez les bonnes et moins bonnes influences que ses diverses situations dans le ciel peuvent vous révéler.

D'emblée, sachez que, suivant une très ancienne croyance, il vaut mieux s'abstenir de montrer la Lune du doigt, au risque de s'attirer les foudres du ciel. Observez donc la Lune, mais ne la pointez pas du doigt et ne tentez pas de la toucher ni de vouloir l'attraper – symboliquement, bien sûr !

De même, si ne voulez pas vous prendre un « coup de lune » comme on prend un coup de soleil, ne fixez pas des yeux trop longtemps une pleine lune. À ce stade de son cycle en effet, elle joue un rôle non négligeable sur l'équilibre psychique des esprits fragiles ou malades.

Le calendrier lunaire des 29 jours fastes, neutres et néfastes

En suivant la progression de la Lune du premier jour, celui de la nouvelle lune, au vingt-neuvième jour qui précède le jour de la nouvelle lune suivant, on peut établir un calendrier des jours propices ou contraires à nos agissements, à nos initiatives, à nos entreprises, à nos actions, à notre vitalité, à notre dynamisme, au bon fonctionnement de notre système immunitaire. Voici ce calendrier dont je vous recommande de tenir compte lorsque, par exemple, vous envisagez un rendez-vous important ou d'agir pour préserver votre bien-être. Pour relever les jours fastes, neutres et néfastes des 29 jours suivant la nouvelle lune et qui composent ce calendrier, il vous suffit de relever le jour du mois en cours où elle se produira.

Le premier jour, nouvelle lune, néfaste

Et pourtant, aux enfants qui naissent ce jour-là, où qu'ils voient le jour, cette nouvelle lune présage d'une vie heureuse. Or, quand on sait que 380 000 enfants naissent chaque jour dans le monde, si nous en croyons cet heureux présage, nous pouvons en déduire que le jour de cette nouvelle lune promet du bonheur à plus de quatre millions de nouveau-nés chaque année, voire à près de cinq millions les années de treize lunaisons. En revanche, elle paraît beaucoup moins propice aux victimes des premiers symptômes d'une maladie apparaissant ce jour-là. Il leur faudra beaucoup de temps pour s'en remettre.

Le deuxième jour, neutre

Ce jour semble favorable aux voyages, aux relations et au commerce avec des étrangers. Par ailleurs, contredisant le présage du jour de la nouvelle lune, tomber malade ce deuxième jour s'annonce sans danger ni répercussion à court ou à long terme.

Il s'agit aussi d'un jour propice aux travaux des jardins et des champs.

Le troisième jour, neutre

Malgré sa neutralité, les présages attribués à ce jour se révèlent très défavorables aux initiatives et aux entreprises de toute nature. Dans l'ensemble, il vaut mieux s'abstenir d'agir ce jour-là.

Le quatrième jour, neutre

Selon une tradition géomantique occidentale, celle ou celui qui doit agir pour faire construire sa maison ou « poser la première pierre » d'une nouvelle entreprise, doit choisir ce jour. Il s'agit aussi d'un jour propice aux trouvailles de toutes sortes ou pour retrouver un objet perdu.

Le cinquième jour, faste

Il s'agit d'un jour de très bon augure pour toute nouvelle initiative, pour une création, la concrétisation d'un projet, voire la réalisation d'un rêve. Marquez ce jour d'une pierre blanche dans votre calendrier pour ne pas manquer le coche si vous souhaitez vous donner les meilleures chances de réussite dans n'importe quel domaine.

Le sixième jour, faste

Voilà encore un jour de très bon augure, qui fait écho au précédent, de sorte que nous pouvons poursuivre ce que nous avons entrepris la veille avec les mêmes atouts pour réussir. Par ailleurs, il s'avère aussi propice à toutes les activités culturelles et pédagogiques.

Le septième jour, néfaste

Sa réputation de jour néfaste n'exclut pas qu'il s'agisse du jour du premier rendez-vous par excellence, amoureux ou d'affaires, peu importe, cette journée s'annonçant idéale pour nouer et cultiver des relations privilégiées et fructueuses. En quoi se révélerait-il donc de mauvais augure ? Pour tout ce qui concerne les faux pas, les chutes, les accidents, les agressions. Rien de fatal dans tout cela, rassurez-vous. Juste le signe qu'il vaut mieux redoubler de prudence.

Le huitième jour, premier quartier lunaire, néfaste

Ce jour présage d'un renouveau quelconque, mais qui ne se produira pas sans un bouleversement, un changement, voire une rupture, un événement perturbant, mais libérateur, suivi d'un soulagement. D'où l'on peut voir en son aspect néfaste un mal pour un bien. Par exemple, il s'agit d'un jour propice à une intervention chirurgicale ou à une prise de décision à ce sujet, de sorte à guérir d'une maladie. Enfin, ce jour s'avère de bon augure pour tous les voyages.

Le neuvième jour, neutre

Parfaitement neutre en vérité, ce jour ne présage rien de bon et rien de mauvais. Profitez-en pour exploiter vos qualités personnelles afin d'agir comme vous l'entendez, sachant que ce jour neutre ne contrariera pas vos projets ni vos initiatives, et que ce que vous ferez ou entreprendrez réussira grâce à vos seuls mérites.

Le dixième jour, faste

Si, fort de vos qualités personnelles et d'une saine confiance en vos capacités et en vos moyens, vous avez agi le jour précédent, vous récolterez probablement les fruits de vos actions aujourd'hui, un jour de très bon augure. Cependant, un conseil de prudence accompagne les présages de ce jour : une fois récoltés les fruits de vos efforts, ne vous endormez pas sur vos lauriers ; persévérez !

Le onzième jour, faste

Excellent jour pour trouver une bonne idée, une solution à un problème non résolu depuis longtemps, pour bénéficier d'un regain de vitalité et pour repartir du bon pied si vous manquiez de tonus ces derniers jours.

Le douzième jour, faste

Choisissez ce jour pour vous détendre, vous reposer, prendre soin de vous, ne rien faire qui sorte de l'ordinaire si possible. Mettez de l'ordre chez vous et en vous-même. Restez au calme. Soyez « semblable à ceux qui, telle l'eau trouble se clarifiant lorsqu'on la laisse se reposer et décanter, restent assis paisiblement sans rien faire et qui, dès lors, apportent la meilleure contribution possible à un monde désordonné. »[7]

Le treizième jour, neutre

À l'instar du troisième jour, il s'agit en effet d'un nouveau jour neutre en cela que les présages qui s'y rattachent recommandent de ne rien entreprendre, de s'abstenir de toute initiative ou de

7. Alan W. Watts, *Le Bouddhisme zen*, Payot, Paris, 1975.

toute action qui sorte de l'ordinaire, là encore. Ainsi, quoi qu'il arrive, ne vous exposez pas, restez en retrait. D'ailleurs, si vous vous montrez attentive ou attentif à l'ambiance de ce jour, vous ressentirez probablement qu'il y plane un doute. Or, comme le dit si bien le proverbe, dans le doute, abstiens-toi !

Le quatorzième jour, faste

Le jour précédent celui de la pleine lune a la réputation d'être un jour heureux, un de ces jours où il règne une certaine légèreté dans l'air, de l'insouciance, où nous passons d'agréables moments en bonne compagnie, un jour propice aux échanges de cadeaux et de bons procédés, un de ces jours qui passent trop vite et qui nous donnent envie d'arrêter le temps. Seul point d'orgue à tous ces facteurs positifs, de mauvais pressentiments peut-être ou un penchant à prendre ses angoisses pour des prémonitions.

Le quinzième jour, pleine lune, néfaste

Comme nous le savons, le jour de la pleine lune, événement astronomique cyclique qui se produit chaque fois que la Terre se trouve entre le Soleil et la Lune, nous assistons à une exacerbation des émotions, des sentiments bons et mauvais, en raison de l'intensité des forces déployées durant cette courte période parfois critique. Il se produit en effet une brusque inversion des impulsions de la phase croissante vers la phase décroissante, impulsions exerçant une forte influence sur les éléments, les végétaux et les animaux de la planète, mais aussi, d'une manière plus subtile, mais non moins puissante, sur les êtres humains.

Ainsi, bien ou mal lunés, les individus exagèrent fréquemment ce jour-là. De même, les événements les plus anodins ou ordinaires qui se produisent peuvent prendre une tournure inattendue ou des proportions inaccoutumées. Enfin, si possible, mieux vaut éviter une intervention chirurgicale le jour de la pleine lune. D'une part parce que celle-ci renforcerait les hémorragies, ensuite parce qu'il semble toujours beaucoup plus difficile à un patient de se remettre d'un choc opératoire après une pleine lune suivie d'une longue période dépressive jusqu'à la nouvelle lune.

Le seizième jour, neutre

Si vous aspirez à prendre du recul, de la hauteur pour réfléchir et faire le point, ou si vous souhaitez tout simplement vous évader un peu, flâner, vivre à votre rythme, choisissez ce jour. De même, il s'agit d'un jour propice aux bonnes affaires, au commerce sous toutes ses formes, aux transactions fructueuses. À condition d'agir au grand jour, en toute honnêteté et dans la plus stricte légalité.

Le dix-septième jour, neutre

Entamer un traitement préventif ou curatif ce jour-là ne semble pas recommandé. Attendez plutôt le lendemain, qui apparaît bien plus approprié à ce genre d'initiative. D'ailleurs, quoi qu'il arrive, quoi que vous fassiez ce jour-là, restez dans une juste neutralité en tout et pour tout. Moins vous agirez ou réagirez, moins vous interviendrez dans les événements en cours, mieux vous vous porterez.

Le dix-huitième jour, faste

Il s'agit d'un jour providentiel ou, plus exactement, d'une journée durant laquelle tout peut arriver de bon et de salutaire dans des situations que nous pouvions croire désespérées ou sans issue. En effet, il arrive parfois que, à notre insu ou malgré nous, les événements prennent une tournure inattendue, surprenante.

Le dix-neuvième jour, neutre

S'il ne se passe pas grand-chose dans votre existence aujourd'hui, tant mieux. De même, si un rendez-vous prévu depuis longtemps, se trouve remis pour des raisons indépendantes de votre volonté, ne vous en inquiétez pas outre mesure. Cette journée se caractérise fréquemment par ses impondérables ou ses changements de programme imprévus. Prenez les choses comme elles viennent.

Le vingtième jour, faste

Profitez de ce jour faste pour agir, entreprendre, faire tout simplement ce que vous prévoyez ou négligez de faire depuis un certain temps. En effet, dans l'ensemble, vous devriez ne rencontrer ni obstacle ni opposition. Il n'en sera probablement pas de même les jours suivants.

Le vingt-et-unième jour, néfaste

N'entreprenez et ne réalisez rien de sérieux ou d'important ce jour. Partez du bon pied en mettant de l'ordre dans vos affaires ou chez vous, en faisant le ménage tout simplement et vos provisions de bouche. Pour le reste, contentez-vous de passer une journée sereine en bonne compagnie, de cultiver de saines relations amicales, de vous détendre avec un livre, en visionnant un bon film ou une série. En d'autres termes, restez tranquille et tout se passera bien.

Le vingt-deuxième jour, néfaste

Un simple malaise ou le symptôme d'une maladie apparu au cours des jours précédents risque de s'aggraver. Si tel est le cas, prenez-le au sérieux et préoccupez-vous de votre santé. Par ailleurs, toute démarche pour plaider votre cause ou obtenir un avantage quelconque pourrait se révéler vaine. Abstenez-vous de l'entreprendre.

Le vingt-troisième jour, dernier quartier lunaire, néfaste

Mettez en application les proverbes suivant lesquels « il vaut mieux tourner sa langue sept fois dans sa bouche » avant de prononcer des paroles regrettables et « toute vérité n'est pas bonne à dire ». Vous éviterez ainsi les malentendus et les querelles. Il s'agit en effet d'un jour où les tensions qui planent dans l'atmosphère et les relations sont palpables. Et si d'aucuns tiennent des propos désagréables, désobligeants et mensongers à votre égard, n'y accordez pas trop d'importance.

Le vingt-quatrième jour, faste

Si, ce jour, vous ne savez sur quel pied danser, vous vous sentez hésitant ou indécis, ressaisissez-vous et adoptez un comportement sérieux et discipliné. En effet, il s'agit d'un jour on ne peut plus favorable aux nouvelles possibilités qui s'offrent à vous, aux opportunités qu'il faut savoir saisir, aux choix importants, aux décisions cruciales, aux bonnes options que vous prenez aussi bien dans votre vie personnelle que professionnelle.

Le vingt-cinquième jour, faste

Que vous y croyiez ou non, ce jour, quels que soient vos différends avec certaines personnes, votre litige ou vos démêlés avec la justice, tout s'arrangera à l'amiable. Même une simple dispute avec l'un ou l'une de vos proches aura un épilogue heureux avant la fin de la journée.

Le vingt-sixième jour, néfaste

Il ne s'agit pas d'un bon jour pour tout qui concerne les émotions, les mouvements de foule, les choix et les décisions, les entreprises originales. Du reste, il vaut mieux s'abstenir de sortir des sentiers battus ou de traverser en dehors des clous, ce jour-là.

Le vingt-septième jour, neutre

Si vous prenez les choses du bon côté, vous passerez une journée sans histoire, tranquille. En revanche, si vous prenez la mouche pour un rien, vous ne pourrez rien faire de bon. Ce serait dommage, ce jour s'annonçant comme le dernier de la lunaison favorable au travail productif, aux entreprises intelligentes et à la compréhension mutuelle.

Le vingt-huitième jour, néfaste

À partir de ce jour et jusqu'au cinquième jour après la prochaine nouvelle lune, suivez votre petit bonhomme de chemin sans rien faire ni entreprendre qui sort de l'ordinaire. En effet, ce jour et les suivants coïncident avec une période dépressive durant laquelle la Lune décroît, puis entame un nouveau cycle de vingt-neuf jours. Au cours de cette période, vous ne pourrez donc compter sur aucune aide d'autrui ni aucun soutien extérieur.

Le vingt-neuvième jour, néfaste

Aujourd'hui, demain et même encore après-demain, si vous regardez le ciel à la nuit tombée, vous vous rendrez compte que le satellite de la Terre (la Lune) brille par son absence. Cette absence provisoire de l'astre de la nuit, qui ne signifie pas pour autant qu'il n'existe plus, présente des analogies avec une espèce de vide intérieur, ou de confusion, voire de doute ou de malaise indicible, que nous pouvons très bien ressentir ce jour-là. Le mieux à faire pour remédier à cette phase dépressive de la Lune, que nous éprouvons d'autant plus que nous y sommes sensibles ou que nous nous sentons affaiblis, consiste à nous faire du bien, à nous faire plaisir sans excès, à prendre soin de nous, à passer de bons moments en compagnie agréable.

La Lune et les prévisions météorologiques

Si, le jour du solstice d'hiver, la Lune est dans l'un de ses premiers jours, l'année suivante sera d'une grande fertilité. Si la Lune est dans son dixième, onzième, douzième ou treizième jour, les récoltes ne donneront qu'à moitié. L'année sera stérile si le solstice d'hiver tombe du quatorzième au vingt-neuvième jour de la Lune. Par exemple, lors du solstice d'hiver de 2022, la Lune en sera dans le vingt-neuvième et dernier jour de sa lunaison. Cela n'augure donc pas d'une année très fertile. En 2023, le jour du solstice d'hiver coïncidera avec le dixième de la lunaison du mois de décembre, ce qui ne laisse pas non plus présager d'une année très fertile. Il faudra attendre le mois de décembre 2025 au cours duquel le solstice d'hiver se produira le deuxième jour de la nouvelle lunaison du 20 décembre, annonçant ainsi une année 2026 d'une grande fertilité. À moins bien sûr que les changements climatiques ne viennent perturber de tels présages séculaires…

Les présages météorologiques

Hirondelle volant haut,
Le temps sera beau ;
Hirondelle volant bas,
Bientôt il pleuvra.

L'hirondelle, toujours elle, nous donne le ton de cette immense liste de dictons s'inspirant tous de présages météorologiques, dont certains ont des origines très lointaines, à perte de mémoire.

Tant il est vrai que, dès que les êtres humains passèrent du stade nomade de chasseurs-cueilleurs, puis de pasteurs, au stade sédentaire d'éleveurs et de cultivateurs, ils se préoccupèrent immédiatement du temps qu'il ferait demain là où ils vivaient.

En effet, la météorologie, comme son nom l'indique, repose sur une observation attentive, rigoureuse, quasi scientifique déjà, par les premières communautés humaines sédentaires, des mouvements des astres, des étoiles et des comètes : les météores, et des lois qu'elles pouvaient établir à partir des dites observations. Toutefois, en ce temps – pas si lointain au regard de l'âge de l'humanité – où la météorologie avant la lettre est née, l'écriture n'existant pas encore, les êtres humains se transmirent les résultats de leurs observations oralement, autrement dit de bouche à oreille.

Ainsi naquirent les premiers présages météorologiques qui, au fil des siècles, devinrent des dictons. Bien sûr, il en existe un si grand nombre, en France et dans le monde, que je ne saurais vous en proposer une liste exhaustive. En voici quelques-uns, les plus édifiants et les plus justes selon moi, que je vous invite à vérifier au fil de l'année.

Regarde comme sont menées
Depuis Noël douze journées,
Car suivant ces douze jours
Les douze mois auront leur cours.

Si nous en croyons ce quatrain, il nous suffit d'observer attentivement le ciel durant les 12 jours qui suivent le jour de Noël, autrement dit du 25 décembre au 5 janvier inclus. Toutefois, les règles édictées par ce dicton nous donnent la possibilité de présager du temps qu'il fera exclusivement à l'endroit où nous vivons. Il s'agit donc de prévisions météorologiques locales. Pour les établir, vous devez noter l'évolution du climat chaque jour, matin, midi et soir. Ainsi, la météo de la journée du 25 décembre correspondra au temps à prévoir pour le mois de janvier, celle du 26 décembre au mois de février, etc.

Un dicton du jour de l'an vient confirmer le précédent :

Jour de l'an beau,
Mois d'août très chaud.

Quelques présages de l'hiver

Dicton du 26 décembre

S'il gèle à la Saint-Thomas,
Il gèlera encore trois mois.

Dicton du 6 janvier

Les hivers les plus froids
sont ceux qui prennent le jour des Rois.

Dicton du 9 et du 27 janvier

Saint-Julien brise la glace.
S'il ne la brise, il l'embrasse.

Dicton du 14 janvier

Soleil et chaleur à la Saint-Hilaire
n'indiquent pas la fin de l'hiver.

Dicton du 20 janvier

À la Saint-Sébastien,
l'hiver s'en va ou revient.

Dicton du 30 janvier

À la Sainte-Hyppolyte,
bien souvent l'hiver nous quitte.

Dicton du 2 février

Si le deuxième de février,
le soleil apparaît entier,
l'ours étonné de sa lumière
s'en va remettre en sa tanière,
et l'homme économe prend soin
de faire resserrer son foin,
car l'hiver tout ainsi que l'ours
séjourne encore quarante jours.

Les présages et les animaux

L'araignée

Araignée du soir, espoir.
Araignée du matin, chagrin.
Araignée du midi, souci.

Et pourquoi donc voir une araignée le soir pourrait-elle nous procurer de l'espoir, quand une araignée vue le matin nous plongerait dans le chagrin ? Étudions de près cet arachnide dont nous pouvons dénombrer plus de 35 000 espèces dans le monde.

D'emblée, la racine latine de son nom laisse supposer que, aux yeux des êtres humains, l'araignée n'offre d'intérêt que pour sa toile. En effet *aranea*, d'où dérive araignée, signifiait primitivement « toile des arachnides ». Arachnide tiendrait son nom du grec *arahknê*, « araignée », probablement issu de *arkus*, le filet des pêcheurs grecs, en raison de leur ressemblance avec les toiles d'araignées.

S'il vous arrive, un matin ou un soir, de voir une araignée, souvenez-vous de la légende mythologique d'Arahknê que je vous invite à découvrir, si vous ne la connaissez déjà. Arahknê, une jeune fille qui vivait en Lydie, une région de l'ancienne Anatolie bordée par la mer Égée, se rendit célèbre en son temps pour ses talents de tisserande et de brodeuse. Toutes les nymphes qui vivaient alentour venaient la visiter pour admirer ses œuvres. Une rumeur prétendait qu'elle tenait son grand savoir-faire dans l'art du filage et de la tapisserie de la déesse Athéna, une déesse guerrière redoutable par ailleurs, mais que l'on honorait aussi telle la patronne des fileuses et des brodeuses.

Arakhnê ne l'entendait pas ainsi. Revendiquant un don des dieux et des talents innés de tisserande, elle affirmait qu'elle ne devait rien à Athéna. Pour preuve de sa bonne foi, l'idée lui vint de défier la déesse, qui lui apparut sous les traits d'une vieille femme bienveillante, lui conseillant de faire preuve de beaucoup plus d'humilité et de ne pas se vanter de ses dons et talents devant Athéna, au caractère fort susceptible. Non contente de ne rien entendre, Arakhnê se mit à proférer des insultes à l'égard de la déesse.

De rage, Athéna monta sur ses grands chevaux de déesse guerrière et se montra sous son vrai visage. Elle tissa alors devant Arakhnê une superbe tapisserie représentant les douze dieux de l'Olympe, en soulignant leur suprématie sur tous les mortels qui croyaient pouvoir les défier. Pas plus impressionnée que cela par le chef-d'œuvre accompli par Athéna, Arakhnê tissa à son tour une non moins superbe tapisserie mettant en scène les amours adultères des douze dieux de l'Olympe, voulant ainsi, quant à elle, souligner leurs faiblesses.

Furieuse, Athéna détruisit l'œuvre d'Arakhnê qui, de désespoir, se pendit. Mais juste avant qu'elle passe de vie à trépas, Athéna, l'empêchant de mourir, la transforma en araignée, condamnée à tisser sa toile pour l'éternité.

Dans la légende d'Arakhnê, nous voyons le plus souvent la représentation d'une rivalité entre femmes, de l'ambition et de l'orgueil qui aveuglent. Pourtant, de nombreuses observations scientifiques de cet animal insectivore tendent à prouver que, si les mœurs amoureuses de l'araignée peuvent nous sembler douteuses – nous connaissons en effet cette propension de la femelle de certaines espèces à dévorer le mâle après l'accouplement –, ses qualités maternelles ne font aucun doute, et le tissage de sa toile constitue une véritable prouesse, une merveille de la nature.

Alors, d'où viennent la terreur instinctive, la répulsion ancestrale et le dégoût incontrôlable, que ressentent la plupart des femmes surtout, quand elles voient une araignée ? La vue de sa toile leur rappellerait-elle les pensées qu'elles tissent, elles aussi, jour après jour, et qu'elles savent rendre réelles, ou le sang-froid dont elles savent faire preuve dans des circonstances où, souvent, les hommes perdent pied et cèdent à la panique ou à la violence ?

Il n'empêche, nombre de présages relatifs à l'araignée, s'avèrent de très bon augure et, par le passé, l'araignée jouait fréquemment un rôle protecteur et bénéfique, dans l'esprit de nos ancêtres. Par exemple, au Moyen Âge, on comparait les fameuses filandres, ou fils de la Vierge, ces résidus de toiles d'araignées flottant entre les branches des arbres au gré du vent ou dans les herbes des champs, aux cheveux de la Vierge des chrétiens. En voir ou en toucher par mégarde constituait dès lors un très heureux présage.

Les présages relatifs aux araignées offrent fréquemment des analogies avec les pensées, les sentiments, les souhaits, tout ce qui se tisse et se trame dans l'esprit et le cœur des êtres au fil des jours, et les rapproche parfois, comme une toile d'araignée suspendue entre deux branches de deux arbres distincts qui, grâce à elle, semblent reliés l'un à l'autre. Ainsi en est-il de l'araignée que l'on voit le soir et qui annonce l'espoir.

Mais de quel espoir s'agit-il exactement ? De celui de voir un désir, un souhait, un projet se réaliser, celui qui occupe notre esprit au moment où nous voyons cette araignée. Et en quoi l'araignée du soir se révèle plus propice à l'espoir, que celle du matin et du midi, à la plus fâcheuse réputation ? Tout simplement parce que, le soir venu, nous pouvons nous détendre, réfléchir sainement et sereinement, nous pouvons même méditer, bref, nous consacrer en toute quiétude à nos pensées et sentiments intimes.

À l'inverse, le matin s'impose évidemment comme l'instant de la journée au cours duquel nous entrons dans la vie active, et le midi, celui où nous récoltons les fruits de nos actes – symboliquement, bien sûr.

Toutefois, voir une toile d'araignée le matin, dans l'embrasure d'une porte par exemple, qui bien sûr, ne se trouvait pas à cet endroit la veille au soir, est un signe de chance ou de très bon augure pour la journée qui se prépare. En découvrir une le soir, dans les mêmes conditions, présage d'une bonne nouvelle ou d'un voyage d'agrément.

Voir une araignée tisser sa toile présage de bonnes ou de mauvaises pensées, selon le cas, qu'un être proche nourrit pour nous, d'une surprise que l'on nous prépare ou d'un complot qui se trame dans notre dos.

Par ailleurs, découvrir une araignée sur soi est un signe de chance, de bonheur, de protection providentielle.

Enfin, de même que tuer une hirondelle, oiseau du printemps, du renouveau et du bonheur, constituait un grave sacrilège dans l'Antiquité et au Moyen Âge (et toujours de nos jours, les hirondelles étant désormais une espèce protégée en raison de la pollution par les insecticides dont un tiers de ce petit peuple d'oiseaux a été victime depuis dix ans), écraser une araignée portait et porte encore malheur, si nous en croyons les présages. Gardez-vous donc de tuer une araignée. Portez-vous bonheur !

Dans le même esprit, rappelons cet autre présage météorologique se référant aussi au matin et au soir.

Ciel rouge au matin
Est un pluvieux voisin
(ou un venteux voisin ou même un frileux voisin,
selon la saison où nous observons le ciel),
Ciel rouge le soir
Est une promesse d'espoir.

Et cet autre encore, tiré du spectacle du ciel le matin et le soir.

Arc-en-ciel du matin
Fait tourner le moulin.
Arc-en-ciel du soir
Fait mourir l'arrosoir.

Le chat

« La nuit, tous les chats sont gris », dit le proverbe. Cela tombe bien, puisque, si nous en croyons la sagesse populaire, lorsqu'un chat gris surgit au cœur de la nuit, il s'agit d'un heureux présage pour ceux qui le voient.

Au point où en sont nos recherches et nos travaux scientifiques aujourd'hui (car cela peut encore changer, si d'autres découvertes nous attendent, ce qui semble plus que probable…), il y a 40 ou 45 millions d'années environ, durant la période dite de l'Éocène, apparurent les miacidés, de petits animaux carnivores, ancêtres lointains à la fois des ours, des loups, des hyènes, des belettes, des ratons laveurs… et des chats !

C'est durant cette même période que se produisit, entre autres, la séparation de l'Amérique du Nord et de l'Amérique du Sud, causée par l'affaissement de l'Amérique Centrale, submergée par les mers, la formation des barrières, des îles et des bancs coralliens, le développement des oiseaux et l'apparition de nombreuses et nouvelles espèces de mammifères.

Certes, il faut faire preuve de beaucoup d'imagination pour voir dans le loup et l'ours par exemple, des ancêtres communs au chat. De plus, les amoureux inconditionnels des chats domestiques, présents un peu partout dans le monde, ne peuvent se résoudre à mettre leur chat sur un même pied d'égalité qu'un loup ou une hyène, pour lesquels on ne peut pas dire que nous éprouvions une aussi forte sympathie.

Tout laisse croire que toutes les espèces de chats domestiques connus aujourd'hui possèdent un ancêtre commun dans le chat africain dont les Égyptiens s'inspirèrent pour sculpter des statues à l'effigie de leur déesse Bastet. Il semble aussi que les petits félins qui peuplent les foyers du monde entier n'apparurent en Europe qu'assez tardivement.

Donner sa langue au chat

Toutefois, si l'on se réfère à l'expression française bien connue « il n'y a pas un chat », que nous employons métaphoriquement pour dire qu'il n'y a personne, expression apparue dans le langage populaire au XVIIIe siècle, nous pouvons supposer qu'au cours de ce siècle donc, les chats pullulaient en France. De même, un siècle plus tôt environ, l'expression populaire, elle aussi, « donner sa langue au chien » se transforma en « donner sa langue au chat ». Or, cette expression pourvue d'une connotation un peu barbare se réfère à une punition qui consistait à couper ou arracher la langue des menteurs ou de ceux qui se refusaient à avouer leur faute, au Moyen Âge.

Dès lors, nous pouvons en déduire que, au début du Moyen Âge, le chat sauvage, importé d'Afrique du Nord, fit irruption en Europe. Perçu tantôt comme un animal bénéfique, protecteur, tantôt comme une incarnation de l'ombre, des forces du mal, diabolique cette fois, le chat apparut sûrement tel un animal étrangement beau et familier, toujours un peu sauvage cependant. Du fait qu'il vit et chasse la nuit, à l'instar de la chouette, traquant les mêmes proies que cet oiseau rapace, nos ancêtres très superstitieux attribuèrent au chat des pouvoirs tantôt bénéfiques, tantôt maléfiques.

Les présages relatifs aux chats

Quand le chat se débarbouille,
bientôt le temps se brouille.

Voici quelques présages relatifs aux chats dont certains remontent à la Haute Antiquité. D'emblée, citons le mauvais présage de deuil ou d'un malheur quelconque, attribué au chat noir traversant brusquement devant nous, un chemin, une route ou une rue. Pourvu d'un instinct qui le prédispose à une grande réceptivité aux variations des pressions atmosphériques et aux changements de temps, on trouve, dans le monde entier, de nombreux présages météorologiques relatifs aux chats.

Ainsi, le chat que nous voyons se passer la patte derrière les oreilles, annonçant la venue de la pluie, constitue un présage météorologique rendu célèbre par Marcel Aymé (1902-1967) dans ses fameux *Contes du chat perché* (1934-1946).

De même, si, assis derrière une fenêtre, nous le voyons se lécher l'arrière-train ou la queue, nous pouvons nous attendre à ce que de fortes pluies surviennent. Enfin, durant l'hiver, s'il fait sa toilette en tournant le dos à un feu de cheminée ou à un radiateur, la neige devrait bientôt faire son apparition.

Lorsqu'un chat inconnu nous suit dans la rue, sa présence derrière ou à côté de nous présage d'une bonne fortune, voire d'une rentrée d'argent inattendue. Le même chat noir, que l'on dit de mauvais augure, qui passe devant nous s'interprète tel un très heureux présage quand il entre inopinément dans une maison. Il apporte un message de bonheur et de prospérité pour la famille habitant cette maison. Croiser un chat gris sur sa route est un signe de chance, à fortiori s'il se frotte contre votre jambe ou que vous réussissez à le caresser.

Enfin, que toutes celles et tous ceux qui abandonnent leur chat n'oublient jamais que, en plus d'être devenu délictueux de nos jours, un tel acte porte malheur.

Les auspices ou les présages de bon augure relatifs aux oiseaux

« Il y a eu des vols d'oiseaux, des courants d'air, des migraines qui ont décidé du sort du monde. »[8]

L'oiseau, figure de l'âme

Dans l'esprit imaginatif des êtres humains qui, avant de comprendre qu'ils devaient avant tout se protéger d'eux-mêmes, cherchaient à exercer leur emprise sur la nature et, pour ce faire, s'identifiaient à tout ce que ladite nature comptait de formes vivantes, à leurs yeux, l'oiseau, en raison de sa légèreté, de ses prouesses en vol, de son départ et de son retour cycliques lorsqu'il s'agissait d'une espèce migratoire, devint très tôt une incarnation symbolique de leur bien le plus précieux : leur âme ! Dès lors, tout individu à qui l'on attribuait un caractère divin ou surnaturel détenait souvent le don de pouvoir parler aux oiseaux, ce qui signifiait qu'il se trouvait en relation intime avec son âme et qu'il pouvait entrer en contact avec les âmes de tous les êtres.

---

8. Ernest Renan, *Vie de Jésus*, Folio classique, Paris, 1974.

Les auspices

Dans la Rome antique, l'*augur*, qui deviendra « l'augure » en français, au XIIe siècle, était un prêtre chargé de discerner des présages favorables dans les signes offerts par les phénomènes de la nature, les animaux et les oiseaux. Quant au prêtre qui rendait les présages relatifs exclusivement aux oiseaux, il s'agissait de l'*auspex*, nom dérivant de *avis*, « oiseau », et de *spicere*, « examiner », dont on retrouve la racine dans les mots aspect et spectacle. Ce prêtre ne délivrait ainsi que des auspices, autrement dit de bons présages, en observant les chants, les couleurs, les comportements, les vols des oiseaux.

Plumages, ramages et chants des oiseaux

Ainsi, les prêtres initiés aux auspices et aux augures qu'ils relevaient d'après les couleurs des plumes des oiseaux, leurs chants, leur vol et leur apparition à tel ou tel moment du jour, à telle ou telle période de l'année, n'y voyaient que de bons présages. Cependant, durant le Moyen Âge, où les signes révélés par les oiseaux demeurèrent très populaires, malgré les interdits de l'Église à ce sujet, certains d'entre eux prirent un caractère inquiétant et on vit alors apparaître des présages de mauvais augure.

Par exemple, notre fameuse hirondelle volant dans une maison habitée se percevait volontiers tel un heureux présage, tandis que le fait d'entendre le merle chanter à minuit se révélait un mauvais présage (fait rare, évidemment, puisque la nuit, la plupart des oiseaux dorment, hormis les oiseaux de nuit, cela va sans dire, chouettes, effraies, hiboux, entre autres). De même, voir une corneille ou un corbeau sur le bord de sa fenêtre ou se cognant contre elle à la nuit tombante, se révélait un très mauvais présage, souvent annonciateur de la mort d'un proche.

Par ailleurs, peu à peu, certains présages relatifs aux oiseaux s'établirent en faisant des analogies entre leurs caractéristiques spécifiques et les mœurs des êtres humains. Ainsi, on voyait dans le chant de la pie et dans sa fascination pour tout ce qui brille, des signes de bavardage, de médisance, de vol. Le chant de la tourterelle, pour des raisons connues de tous, annonçait des présages relatifs la vie amoureuse, l'union, l'accouplement.

De toutes ces interprétations et des nombreux présages attribués aux oiseaux, il reste aujourd'hui des proverbes et des dictons qui font partie de la sagesse populaire. Omniprésents dans les paraboles, métaphores, présages, augures et proverbes, les oiseaux inspirèrent les devins, les prophètes, les sages et les poètes, leurs chants, leur vol, leurs plumages, leurs mœurs et leur langage constituant autant de signes révélateurs de la vie humaine et de notre destinée.

L'aigle

Évidemment, voir un aigle planer dans le ciel de France constitue un fait rare, impossible pour toutes celles et tous ceux qui vivent au nord ou au centre de la France. En revanche, si vous vivez dans le Sud-Ouest, dans le Sud-Est ou dans le nord de la Corse, vous pourriez bien en apercevoir un tournoyer très haut, au-dessus de votre tête. Vous pouvez aussi en rêver. Ainsi, voir un aigle ou en rêver constitue quoi qu'il en soit un présage de bon augure en raison des qualités remarquables attribuées à ce rapace depuis l'Antiquité : la clairvoyance (en rapport avec sa vue perçante), l'annonce d'une réussite personnelle ou d'une position prestigieuse obtenue grâce à nos efforts et à nos mérites. Son apparition peut encore augurer d'une protection providentielle, tandis que le voir planer dans le ciel, toutes ailes déployées, et l'entendre crier serait un signe de bonheur et d'abondance. Enfin, du fait qu'il vole très haut dans le ciel, il figure parfois la montée de l'âme d'une personne défunte vers les cieux. En cela, il présage parfois d'un deuil.

L'albatros

Son apparition dans la vie réelle ou dans un rêve (les pêcheurs et marins bretons en voient bien sûr beaucoup plus souvent que les citadins de France) coïncide fréquemment avec une motivation sortant de l'ordinaire, de hautes et belles aspirations, un grand projet, le fait que vous formez beaucoup d'espoir en quelqu'un ou pour quelque chose qui vous tient particulièrement à cœur. Mais il peut aussi signifier une désillusion, une déception ou une déconvenue.

L'alouette

Figure ou véhicule de l'âme du défunt, transportée directement au Paradis, l'alouette dont on dit qu'elle tirelire ou turlute, n'annonce pourtant que de belles et bonnes choses à celle ou celui qui la voit ou qui entend son chant. Par exemple, elle augure de votre situation qui évolue d'une manière avantageuse ou bien d'une période heureuse, sans souci, ou encore que vous pourriez vous attendre à un succès personnel ou à ce que l'on vous fasse une surprise agréable. Enfin, du fait de sa réputation à chanter en plein vol, on voit toujours en elle l'oiseau du bonheur et de la joie de vivre.

La bergeronnette

Si les bergeronnettes
Trottent sur les ruisseaux,
Ferme ta maisonnette
Il va pleuvoir à seaux.

La « petite bergère », comme son nom dérivé de « berger » l'indique, ne se contente pas d'augurer de la pluie ou du beau temps. Attribut d'Aphrodite en Grèce antique, elle est souvent porteuse d'un message d'amour. Ainsi, celle ou celui qui voit une bergeronnette, petit passereau aux couleurs vives, hocher de la queue (mouvement qui signifie qu'elle se trouve en quête de nourriture et qui lui vaut toujours le surnom de « hochequeue »), sous sa fenêtre ou près de sa maison, au mois de mai, peut croire qu'il ou elle tombera amoureux(se) avant la fin de l'année en cours.

La buse

Nous ne pouvons dire que l'expression triviale « tête de buse » augure d'emblée de bons présages lorsque ce rapace de nos campagnes entre dans notre champ de vision, en criant très fort et en formant de larges cercles dans le ciel. Elle tient cette réputation d'oiseau têtu de son obstination à tournoyer ainsi tant qu'elle n'a pas trouvé une proie ou une charogne. Il n'empêche, il lui arrive très rarement de chasser seule. Le plus souvent, elle chasse en couple. Ainsi annonce-t-elle souvent de bonnes choses en lien avec votre couple, vos relations privilégiées, l'esprit de solidarité. À moins, bien sûr, que, pour une raison ou une autre à tort ou à raison, vous vous obstiniez dans votre attitude…

La caille

Malgré la grande variété de ses cris – selon les régions et son espèce, elle margotte, carcaille, margaude ou courcaille – la caille chante toujours par amour. Ainsi croit-on que les chasseurs devraient s'abstenir d'en tuer, même par mégarde, au risque de se priver d'amour ou de provoquer une situation de rupture dans leur couple. En raison de son ardeur amoureuse, des expressions populaires naquirent « chaud, doux ou tendre comme une caille », notamment, et perdurent. Ainsi, voir, entendre ou rêver d'une caille augure toujours d'un amour partagé et du bonheur en duo.

Le canard

Bien que nous l'appréciions surtout rôti, laqué en Chine, ou que l'on raffole de son foie gras, à l'instar de sa cousine l'oie, cet oiseau fort sympathique, drôle parfois, et qui peut se montrer très familier si nous savons établir un lien avec lui, semble porter tous les bons augures de la vie de couple. Au point que, en Chine encore, suivant une tradition millénaire, on offre un couple de canards aux jeunes mariés pour leur porter chance, bonheur, prospérité et longévité.

Le chat-huant et la chouette

Entendre l'un ou l'autre huer, chuinter, ululer ou frouer le soir, près de sa maison, annoncerait une prise de conscience importante, une vérité que nous allons découvrir, pas forcément plaisante, mais importante. Si nous entendons leur chant au cœur de la nuit, cela présage d'une bonne nouvelle surprenante, parfois une grossesse pour une femme, selon de pérennes croyances régionales. En revanche, entendre l'un ou l'autre juste avant l'aube ne présagerait rien de bon. Enfin, une chouette effraie faisant son nid sur le toit ou dans le grenier d'une maison ne présage rien de bon non plus pour cette maison et ses habitants.

La cigogne

Non seulement la cigogne « fait » le printemps, puisqu'elle revient toujours dans ses lieux de prédilection chaque année, au début du printemps, pour s'accoupler et donner naissance à ses petits, mais de plus, en raison de ses qualités maternelles, paternelles, familiales et filiales bien connues, la voir s'installer sur une cheminée ou le toit d'une maison constitue le signe de l'entente parfaite pour la famille qui vit là. Et si elles volent ou survolent ladite maison, les cigognes préviennent ainsi de la prochaine naissance d'un enfant dans cette famille.

Le coq

Entendre le coq chanter au petit matin vous invite à prendre votre destin en main, ou une initiative, plus simplement, ou encore le taureau par les cornes dans une situation dans laquelle une action ou une réaction ferme s'impose. Évidemment, le coq coquelinant pour annoncer le lever du jour, entendre son chant le matin n'a rien d'exceptionnel.

Mais toute la journée durant, un coq dans un poulailler ne cesse de chanter pour montrer sa satisfaction et sa supériorité. Dès lors, si vous l'entendez à plusieurs reprises dans la journée, voire très souvent, il attire ainsi votre attention sur votre propre orgueil, votre présomption, un sentiment de supériorité dont vous faites preuve à votre insu peut-être.

Enfin, l'entendre chanter à la nuit tombée ou au milieu de la nuit n'est jamais de très bon augure. Et bien sûr, au chant du coq, que nous pouvons entendre fréquemment dans nos campagnes, se rattachent de nombreux présages météorologiques, tel…

Quand le coq chante souvent,
Signe de changement de temps.
Quand le coq chante le soir,
Signe qu'il va bientôt pleuvoir.
Quand le coq chante à midi,
Signe d'un temps de paradis.

Le corbeau

Bien que, en raison de son plumage très sombre et de sa réputation de charognard, nous lui attribuions une très mauvaise réputation depuis toujours, en réalité, nous connaissons bien mal cet oiseau de malheur selon nous, mais qui peut aussi porter bonheur aux habitants d'une maison lorsqu'il établit son nid tout près. Il n'en demeure pas moins le messager d'un deuil à venir dans la famille ou parmi les proches de la personne qui le voit ou qui l'entend croasser avec insistance, au lever du jour, devant sa fenêtre ou sur le toit de sa maison. À fortiori s'il vient donner des coups de bec contre la vitre de la fenêtre. Généralement, un corbeau isolé ne s'avère jamais de bon augure, mais volant en couple ou à plusieurs, ils portent bonheur.

Le coucou

Au voleur ! Vous connaissez la réputation du coucou qui pond son œuf dans le nid d'un autre oiseau qu'il déloge sans ménagement. Vous comprendrez donc aisément que le chant du coucou sonne comme un avertissement, une mise en garde contre les voleurs, les cambrioleurs, voire les pique-assiettes ou les squatters. Mais bien sûr, si vous l'entendez chanter au printemps, régulièrement, pas loin de vous, sans le voir pour autant, car il sait se montrer discret, sachez qu'il parle d'amour, puisque, ce faisant, il appelle désespérément une compagne. Enfin, l'entendre chanter à n'importe quel moment de la journée annonce fréquemment un changement de temps imminent.

Le cygne

En raison de son port très digne, imperturbable, presque majestueux, nos ancêtres virent en cet oiseau qui semble glisser sans effort sur l'eau des étangs, des lacs et des mers, une incarnation de la beauté, de la pureté, de la perfection. Des présages d'amour pur et harmonieux se rattachent à son cri, mais aussi un mauvais augure de vanité, d'hypocrisie ou de trahison, et parfois même un chant de mort ou d'agonie comme l'illustrent l'expression « le chant du cygne » et le fameux ballet du *Lac des cygnes*, mis en musique par Piotr Tchaïkovski (1840-1893) et créé à Moscou en 1877.

La dinde

Cette poule d'Inde, femelle du dindon, devenue la volaille emblématique du repas de Thanksgiving durant lequel les Américains honorent les Pères pèlerins, fondateurs de leur nation depuis 1623, et dont plus de 46 millions d'individus sont sacrifiés chaque année, n'a jamais eu une très bonne réputation. Il n'empêche, symbole de fécondité et de prospérité, les Indiens et les Amérindiens l'appréciaient à juste titre, et pas seulement pour sa chair. Dès lors, si vous l'entendez glousser ou qu'elle traverse inopinément la route ou le chemin où vous vous promenez, considérez qu'il s'agit là d'un présage de prospérité.

Le faisan

Le faisan et la poule faisane ne sont pas mieux lotis que le dindon et la dinde. Gibier favori des chasseurs, nul ne connaît plus ni ne s'intéresse au rôle quasi mythique qu'il jouait en Chine. Et de nos jours, qui peut se vanter d'avoir déjà assisté à sa danse nuptiale spectaculaire ? Pourtant, l'entendre crier le matin très tôt, constitue toujours un présage d'union et de bonheur.

Le héron

Assister à son vol magnifique équivaut à un présage de délivrance, d'évasion, de liberté, d'indépendance pour celle ou celui qui contemple ce spectacle. Si vous en voyez voler un au-dessus de vous, demandez-vous si vous êtes aussi libre que vous le croyez. En revanche, le surprendre en train de boire au bord d'un étang ou d'un plan d'eau, ou bien fouillant la terre de son bec, vous met en garde contre des indiscrétions que certaines personnes pourraient commettre à votre égard.

L'hirondelle

Ce récit se plaçant sous le signe de très bon augure de l'hirondelle, nous ne pouvions manquer de fixer notre attention sur elle qui ne veut que votre bonheur lorsque vous la voyez tournoyer dans le ciel, lorsqu'elle vient nicher près de votre fenêtre, lorsque vous l'entendez gazouiller ou trisser. Elle est un présage de bonheur en effet, de fidélité, de sincérité, de spontanéité et de réciprocité des sentiments amoureux et, plus encore, de clairvoyance. Si vous voyez une hirondelle, ou si vous l'entendez chanter, ne demandez rien de mieux. Cela signifie que vous êtes heureux ou que vous le serez. « Y'a d'la joie ! Bonjour, bonjour les hirondelles ! », chantait Charles Trenet.

Le merle

Qui entend les sifflements mélodieux et flûtés du merle, le premier oiseau à chanter au printemps le plus souvent, peut se dire heureux ou heureuse également. Car il annonce toujours un renouveau, une bonne nouvelle, voire un événement exceptionnel qui va se produire incessamment.

La mésange

Lorsqu'elle vient vous rendre visite ou chanter près de votre fenêtre, vous pouvez croire qu'elle surmonte sa nature craintive pour vous apporter, elle aussi, une bonne nouvelle pour votre couple le plus souvent, du fait que le mâle et la femelle de leur espèce demeurent fidèlement ensemble durant toute la durée de leur vie.

Le moineau

Pour certains, le moineau pépie, pour d'autres, il chuchote. Dans le premier cas, son bavardage peut augurer de médisances, de calomnies ou vous avertir de ne pas parler à tort et à travers. Dans le second cas, il vous invite à prêter une oreille attentive aux bons conseils que vous prodiguera probablement une personne de votre proche entourage. D'autant que, s'il proliférait dans le ciel de Paris au temps où la môme moineau, qui deviendra la môme Piaf, puis Édith Piaf, chantait dans les rues, désormais, il se fait rare.

L'oie

Lorsque les oies cacardent ou criaillent, elles préviennent toujours d'un danger imminent, d'une perturbation. Ne prenez donc pas cet avertissement à la légère. En revanche, croiser sur son chemin une famille d'oies se révèle toujours un excellent présage pour votre propre famille.

Le paon

Ses braillements, pas très agréables à entendre, ne vous en annoncent pas moins la révélation d'un fait que vous ignoriez jusque-là, ou une vérité qui éclatera au grand jour. Si vous le voyez faire la roue, *idem* ; mais aussi, si vous le voulez, désormais, vous pourrez faire preuve d'un plus grand discernement.

La pie

L'entendre jacasser prévient que des personnes, pas forcément bien intentionnées, causent beaucoup dans votre dos, et que vous devez vous méfier également des personnes à qui vous vous confiez ou en qui vous accordez votre confiance. En voir une, non pas voler, mais sautiller, présage du vol ou de la perte d'un objet, d'un bijou. Tandis que voir un couple de pies est signe de loyauté, d'intégrité et de force d'âme.

Le pigeon

Vous connaissez l'expression argotique « se faire pigeonner », autrement dit « duper », « tromper » ou « escroquer ». En conséquence, si un pigeon vient frapper du bec contre votre fenêtre, ou y roucouler, restez sur vos gardes dans les jours à venir : quelqu'un pourrait bien chercher à vous duper ou chercher à vous amadouer pour mieux profiter de votre gentillesse ou de votre naïveté.

Le pinson

Nous disons familièrement « gai comme un pinson ». Pourtant, l'entendre siffler présage rarement de la bonne humeur, de l'insouciance ou de la joie à la personne qui l'entend. Son chant augure plutôt d'un conflit, d'un procès, voire d'un accident, bref d'un malheur auquel elle doit se préparer.

Le rossignol

Bien sûr, le rossignol qui trille et chante à gorge déployée pour attirer sa compagne se révèle de bien meilleur augure que le pinson. Entendre son chant équivaut à connaître les pensées de la personne aimée, ou à se trouver en communion, en osmose avec elle. De même, si une personne absente vous manque, le chant du rossignol vous assure qu'elle pense à vous et que vous allez bientôt la revoir.

Les présages liés aux flashes, visions instantanées et rêves éveillés

À des niveaux de conscience ou d'inconscience plus ou moins élevés, selon nos caractères, nos croyances, nos critères, nous sommes tous plus ou moins voyantes ou voyants. Ainsi, il nous arrive parfois d'avoir des flashes ou des visions instantanées, fugaces, que nous peinons à comprendre et à mémoriser, et que nous gardons pour nous le plus souvent, tant il existe d'a priori, de réticences, de scepticisme à l'égard de tout phénomène surnaturel ou considéré comme tel.

De même, certains jours, nous nous trouvons comme entre deux eaux ou deux réalités, absorbés par nos pensées que nous ne réussissons pas à contrôler, avec une impression troublante de dormir debout et, surtout, de rêver tout éveillés. Dans ce genre de circonstances, nous vivons et voyons des scènes, des situations, une ou des personnes connues ou inconnues, ou bien nous visualisons des formes, des animaux, des objets.

Cela n'a pas de sens, pensons-nous. Erreur ! D'un point de vue psychologique ou intuitif, ces brèves absences à nous-même qui nous transportent parfois dans une réalité parallèle que nous créons ou imaginons de toute pièce, contiennent fréquemment des clefs grâce auxquelles nous pouvons ouvrir des portes secrètes de notre personnalité ou de pures prémonitions, dont nous pourrions vérifier la justesse si nous leur prêtions plus attention.

Voici quelques pistes, quelques indications, qui vous aideront peut-être à interpréter de tels phénomènes totalement naturels en cela qu'il s'agit de remontées jusqu'à notre conscience, de signes ou de présages provenant de notre psychisme inconscient, comme si nous nous avertissions nous-même de quelque prise de conscience salutaire, ou d'un événement à venir auquel nous ne sommes pas préparés psychologiquement.

L'abeille

Vous apprendrez une bonne nouvelle ou bien vous récolterez les fruits de vos efforts.

Des ailes

Vous aspirez à vous évader, à prendre de la hauteur, ou bien vous ne verrez pas le temps passer.

Une ancre

Vous allez bientôt voyager, ou vous vous trouverez en relation avec une personne provenant d'un pays lointain.

Un âne

Vous vous obstinez contre toute raison, ou quelqu'un ne vous prend pas au sérieux.

Un anneau

Une personne ne tardera pas à vous faire une proposition agréable. Tôt ou tard, un accord, une association, une union se réalisera exactement selon vos vœux. Ayez confiance.

Une araignée

Vous allez découvrir un secret.

Un arc

Vous apprendrez une mauvaise nouvelle.

Un avion

Une personne proche de vous part ou revient, ou bien elle pense à vous à l'instant où voyez cette figure.

Une balance

Si vous vous trouvez en litige avec quelqu'un, seule la Justice tranchera.

Une baleine

Vous obtiendrez un succès d'ordre professionnel.

Un bateau

Vous recevrez une visite inattendue.

Une botte

Votre situation progressera.

Une bougie

Vous obtiendrez des aides ou des soutiens, ou bien fiez-vous à vos intuitions, à vos bonnes idées. Faites-vous confiance.

Une bouteille

Quelqu'un vous fera plaisir, ou vous passerez un moment agréable avec des proches ou des amis.

Une brouette

Vous allez bientôt déménager ou devoir assumer plus d'obligations et de responsabilités.

Un canard

Vous recevrez une somme d'argent inattendue.

Un carré

Vous recevrez un cadeau. Vous jouirez d'un plus grand confort.

Une casserole

Vous semblez inquiet, angoissé. Demandez-vous pourquoi.

Un cercle

Tout va bien pour vous. Laissez les choses évoluer naturellement.

Un chapeau

Attendez-vous à un changement.

Un chat

Une personne à qui vous accordez votre confiance semble pourvue d'une double personnalité.

Un cheval

On vous aime passionnément ou/et vous êtes très amoureux(se).

Des ciseaux

Un conflit, une dispute, un différend semble inévitable.

Une clef

De nouvelles perspectives inattendues vont s'offrir à vous.

Un cœur

Vous recevrez de belles preuves d'affection et d'amour.

Une couronne

Vous allez obtenir une réussite personnelle ou une situation prestigieuse.

Un couteau

Une personne cherche à vous nuire.

Une croix

Vous allez devoir faire un choix « crucial ».

Une échelle

Osez progresser, évoluer.

Une étoile

Avec cinq branches, elle vous comble de joie ; avec six branches, vous apprendrez une naissance ; avec huit branches, un changement positif se produira dans votre vie ou votre situation. Quoi qu'il en soit, il s'agit d'un signe de chance.

Une faux ou une faucille

Attendez-vous à apprendre le décès d'une personne que vous connaissez. Ou bien vous allez récolter les fruits de vos actions bonnes ou mauvaises.

Une feuille

Vous allez bénéficier d'une certaine prospérité et d'un plus grand confort.

Une flèche

Vous apprendrez une nouvelle bouleversante.

Une fleur

Faites un vœu, il se réalisera.

Une foule

Vos idées semblent confuses ou bien vous vous laissez trop influencer par des événements qui ne vous concernent pas.

Une grenouille

Un changement vous sera bénéfique.

Une hache

Vous devez vous attendre à devoir surmonter des obstacles ou à résoudre des problèmes.

Un lapin

Sachez vous montrer courageux(se) et persévérante(e).

Une ligne

Droite : vous passerez une journée sans problème.

Courbe : attendez-vous à rencontrer des imprévus.

Sinueuse : vous allez vivre une journée instable, déroutante.

Inclinée vers le haut : votre optimisme vous aidera à venir à bout de tous vos problèmes.

Inclinée vers le bas : ne cédez pas au pessimisme.

Un livre

Ne faites rien sans conseil.

La Lune

Croissante (formant un D) : bonne nouvelle et bonne santé.

Décroissante (formant un C) : mauvaise nouvelle et santé défaillante.

Une main

Quelqu'un vous vient ou vous viendra en aide.

Une montagne

Un obstacle se dressera sur votre route, mais il ne sera pas insurmontable.

Un nombre

Le nombre qui apparaît indique celui des jours qui s'écouleront avant qu'un événement majeur ou qu'un fait nouveau ne se produise dans votre vie.

Des nuages

Tout n'ira pas pour le mieux, pour vous, dans les jours à venir, mais il ne s'agira que d'un malaise passager.

Un œil

Une personne veille sur vous ou bien quelqu'un vous surveille.

Un œuf

Ce signe présage d'une naissance bien sûr, mais aussi, et surtout, le plus souvent, d'une création ou d'un événement nouveau, inattendu, toujours heureux.

Un papillon

Vous éprouverez une joie éphémère ou vous vous sentirez plus léger, insouciant.

Une plume

Une période instable vous attend.

Une pomme

Vous obtiendrez une réussite professionnelle ou/et financière.

Une roue

La chance vous sourit, ou bien des changements sont en cours, mais vous ne le savez pas encore.

Un serpent

Une personne cherche peut-être à vous nuire.

Une table

Vous allez recevoir une invitation.

Un trèfle

Une belle opportunité va s'offrir à vous.

Un triangle ou une pyramide

La pointe tournée vers le haut : succès, réussite.

La pointe dirigée vers le bas : échec.

Un trident

Vos vœux seront exaucés.

Un visage

Une personne de votre proche entourage pense beaucoup à vous, ou bien vous allez rencontrer quelqu'un que vous ne connaissez pas encore.

Les porte-bonheurs

Pour terminer notre promenade au royaume des présages et des superstitions, je vous invite à glaner quelques porte-bonheurs incontournables.

Le fer à cheval

Symbole de force morale et physique, de fertilité et de richesse, de fidélité et de longévité, le fer à cheval s'impose comme l'empereur incontesté des porte-bonheurs.

Petite histoire du fer à cheval

Pour comprendre toutes les vertus bénéfiques que nos ancêtres attribuèrent au fer à cheval, le plus populaire et universel des porte-bonheurs, il faut se reporter à l'aspect magique, surnaturel, puissant, du métal qui le compose, le fer, d'une part, et d'autre part à sa forme en croissant de lune. Sans vouloir m'aventurer à raconter l'histoire de la découverte du fer, et de l'influence qu'elle exerça sur les mœurs et l'évolution des peuples de l'Antiquité, je dirai simplement que, très vite, à leurs yeux, le fer symbolisa la force impitoyable et triomphante, l'endurance, la rigidité, la ténacité.

Quant à la Lune, l'un des plus beaux symboles de la féminité, de la fécondité et des richesses de la vie, elle fut souvent l'objet d'un véritable culte, perçue telle une déesse-mère à part entière, pourvue d'une double nature : tantôt favorable en phase croissante, tantôt maléfique en phase décroissante, tandis qu'en sa forme changeante et qui semble disparaître et réapparaître dans le ciel, comme par magie, on y vit des analogies avec celle de la voûte céleste, mère et protectrice de notre planète, mais aussi avec la vie, la mort et la renaissance.

Ainsi, les croyances en rapport avec le fer à cheval résultent d'une combinaison fer et croissant de lune, à laquelle on peut ajouter deux autres éléments tout aussi bénéfiques : le forgeron ou maréchal-ferrant d'abord, magicien, maître du feu primordial et sacré, assimilé à un dieu créateur, dans toutes les cultures et religions du monde. Ce dieu forgea le monde sur l'enclume de l'univers pour lui donner sa forme. Le cheval ensuite, merveilleux symbole de l'instinct, de l'esprit, de l'intelligence, en analogie avec le corps et l'esprit de l'être humain, qu'il doit apprivoiser pour devenir lui-même l'égal des dieux.

À cela, il faut ajouter deux autres croyances magiques qui accompagnèrent le fer à cheval, renforçant son caractère bénéfique. La première concerne le feu qui donne sa flexibilité au fer, ce métal rigide qui se tord miraculeusement au contact d'un brasier incandescent et auquel le forgeron peut donner la forme de son choix. La seconde tenait aussi du miracle, aux yeux de nos ancêtres, lorsqu'ils voyaient le forgeron appliquer un fer rouge sous le sabot d'un cheval et le clouer, sans le faire souffrir, sans même provoquer une réaction violente ni la moindre réticence de sa part.

Les bonnes influences du fer à cheval

Quatre symboles de chance valent mieux qu'un. Voilà pourquoi le fer à cheval s'impose comme le plus complexe, mais aussi, et surtout, le plus riche en pouvoirs bénéfiques et protecteurs de tous les porte-bonheurs.

Les bons influx du fer vous mettent à l'abri des mauvais esprits et des idées noires. Ils stimulent votre force morale, votre courage, votre endurance.

Les bons influx du croissant de lune, aux deux pointes dirigées vers la gauche dans le ciel, renforcent les énergies et les pensées positives, les bons réflexes, les facultés cérébrales, l'intuition, apportant de beaux rêves.

Les bons influx du forgeron, par l'entremise du fer à cheval, vous protègent. Ils vous aident à donner forme à vos projets, à vos vœux les plus chers. Grâce à eux, vos rêves peuvent devenir réalité.

Les bons influx du cheval reposent sur ce bel animal, figure des pensées qui volent au-delà des limites de l'espace et du temps, que vous pouvez diriger par la force de votre esprit, pour les rendre productives, de sorte qu'elles vous reviennent plus riches et plus belles encore. Symbole de fidélité, de vitalité et de bonne nouvelle, les bons augures du cheval augmentent votre courage et votre endurance.

Du bon usage du fer à cheval pour se porter bonheur

Gardez toujours un fer à cheval avec vous, mais vérifiez bien qu'il se compose de sept trous disposés le long du croissant pour le clouer sous le sabot d'un cheval. En effet, sept est le nombre de la perfection, de la lumière nouvelle, le chiffre des dieux.

Si vous le portez autour du cou, procurez-vous une petite cordelette de couleur violette, couleur attribuée au nombre sept, mais surtout pas une chaîne d'un autre métal, l'or et l'argent ne s'accordant pas bien avec le fer.

Offrez un fer à cheval à un être cher, en le choisissant pourvu de sept trous, réels ou symboliques, bien sûr, et attendez, de préférence, le septième jour du septième mois de l'année, soit le 7 juillet, si possible à 7 heures du matin, pour offrir votre cadeau. Pour le rendre plus précieux encore, accompagnez-le de sept clous, symbolisant l'amour, le courage, la vitalité, la richesse, le bonheur, la fidélité et la providence. D'ailleurs, sachez que le fer à cheval chargé des plus purs et grands influx bénéfiques se révèle toujours celui que l'on offre ou reçoit en cadeau, ou que l'on trouve par hasard.

Un fer à cheval glissé dans votre portefeuille peut vous garantir de rentrées d'argent régulières ou de gains constants. Vous pouvez aussi disposer un fer à cheval sur votre porte, ou juste devant le seuil de votre maison, pour vous assurer une bonne fortune et du bonheur dans votre foyer. Enfin, un fer à cheval cloué sur le tronc d'un arbre en présence d'un être cher représente le plus beau gage d'amour et de fidélité que nous puissions lui donner.

Le fer à cheval dans vos rêves

Si, dans l'un de vos rêves, vous trouvez un fer à cheval, une période heureuse et prospère de votre vie s'annonce. Si un inconnu vous fait don d'un fer à cheval, vous allez vous faire un nouvel ami, ou bien l'amour va croiser votre route. Si vous voyez un fer à cheval pourvu d'un certain nombre de trous pour le clouer, ce nombre correspond à celui des années de bonheur et de prospérité que vous allez vivre prochainement. En revanche, si le fer à cheval en question ne se compose d'aucun trou, vous devez vous attendre à connaître une période de difficultés financières, d'épreuves ou de restrictions.

Le trèfle à quatre feuilles

Symbole de chance, de réussite en amour, de prospérité et de longévité, le trèfle à quatre feuilles vous protège et vous donne toutes les raisons de croire au bonheur.

Petite histoire du trèfle à quatre feuilles

«Je fais courir les ardents feux follets sur les marais et sur les fleuves, j'excite les fées à danser au clair de la lune, je pousse les joueurs à chercher le trèfle à quatre feuilles sous les gibets.» Ainsi s'exprimait l'écrivain français Cyrano de Bergerac dans ses «Lettres aux sorciers»[9], en 1662. Au siècle de Louis XIV, on connaissait déjà les vertus protectrices et bienfaisantes du trèfle à quatre feuilles, entrées dans les mœurs depuis fort longtemps, et l'on savait que toute personne qui en trouvait un, dans un cimetière ou sous un gibet, se garantissait d'une chance imparable de réussite au jeu.

L'histoire de ce porte-bonheur remonte beaucoup plus loin en arrière. Selon Pline l'Ancien (23-79), un naturaliste romain, nos ancêtres utilisaient le trèfle des prés en décoction, ses propriétés médicinales se révélant un antipoison d'une rare efficacité, notamment dans les cas de piqûres de scorpion ou d'insectes, et de morsures de serpents venimeux,

9. Savinien de Cyrano de Bergerac, *Œuvres*, disponible sur *Chapitre.com*, 2014.

cela depuis au moins 2500 avant notre ère, en Égypte antique, notamment.

Selon Homère (VIIIe siècle avant J.-C.), l'auteur de l'Odyssée, les guerriers grecs voyaient dans le trèfle un gage d'immortalité, de richesse et de protection des dieux. Ils en cueillaient juste avant la bataille. Toujours selon Homère, le trèfle, nourriture des chevaux de Zeus, le maître de l'Olympe, leur conférait un caractère d'immortalité.

Les druides celtes et gaulois, profitant de la cueillette du gui sacré, cherchaient aussi des trèfles à quatre feuilles dont ils croyaient qu'ils les protégeaient de la colère des dieux, de la foudre et de la maladie. Plus tard, les chrétiens prêchant la bonne parole en Europe, racontaient volontiers que, durant son enfance, Jésus dormait la tête posée sur un oreiller de trèfles, et qu'au commencement des temps, Ève, la mère de l'humanité, en portait un sur elle, lorsqu'elle fut chassée du Paradis, pour se protéger de la colère de Dieu.

Les quatre feuilles du bonheur

Il m'aime, un peu, beaucoup, à la folie, dit-on en effeuillant la marguerite, la fleur de l'amour et de l'espérance. Sans faire de même avec le trèfle à quatre feuilles, on peut néanmoins, en respectant la tradition, suivre un raisonnement similaire. Chaque feuille vous procure un bienfait. La première feuille, à gauche, vous apporte la renommée et vous protège des médisances. La deuxième feuille, à droite, est un gage de richesse et de prospérité. La troisième feuille, en haut, vous procure tout l'amour dont vous rêvez. Enfin, la quatrième feuille, en bas, vous assure d'une bonne santé. Ces quatre bienfaits réunis peuvent, sinon faire votre bonheur, du moins largement y contribuer.

À quelles occasions devez-vous porter un trèfle à quatre feuilles ?

En toutes circonstances, le trèfle à quatre feuilles vous protège et stimule votre confiance en vous.

Afin de gagner un procès ou mettre un terme à un désaccord avec une personne avec qui vous souhaitez vous réconcilier, portez-le de préférence tout près de votre cœur, à l'abri des regards, dans la poche d'un chemisier ou d'une veste, par exemple.

Pour vous attirer les faveurs de la chance au jeu ou en affaires, posez-le sous votre oreiller, durant quatre nuits d'affilée.

Afin de stimuler votre intuition ou de découvrir un secret, accrochez-le en pendentif à une petite chaîne, en prenant soin de le disposer contre votre nuque, de sorte que personne ne le voit. En revanche, pour vous faire aimer, portez-le autour de votre cou, aux yeux de tous.

Dans l'intention de préserver votre bien-être ou de vous rétablir, si votre état de santé vous préoccupe, gardez-le à portée de main et touchez-le aussi souvent que possible.

Pour chasser vos idées noires ou vous donner du courage, placez-le dans un endroit secret, connu de vous seul(e).

Si vous voulez assurer du bonheur et de la prospérité pour votre famille et votre foyer, placez-le, chez vous, à l'endroit où vous passez le plus de temps.

Afin de voir l'un de vos vœux les plus chers se réaliser, pensez très fort à votre souhait en serrant le trèfle à quatre feuilles dans votre main droite ou gauche, selon que vous êtes droitier ou gaucher.

Le trèfle dans vos rêves

Si vous rêvez d'un trèfle à quatre feuilles, vous allez apprendre une bonne nouvelle, ou bien un événement heureux va se produire dans votre vie. Si vous rêvez d'un trèfle classique, à trois feuilles, vous devez absolument résoudre un problème ou vous débarrasser d'une situation qui vous empêche d'être heureux. Si vous rêvez qu'on vous offre un trèfle à quatre feuilles, vous pouvez vous attendre à ce qu'une personne vous fasse une déclaration d'amour ou qu'un être cher vous témoigne son affection sincère. Si vous rêvez que vous trouvez un trèfle à quatre feuilles, vous bénéficierez sûrement d'une rentrée d'argent inattendue. En revanche, si vous rêvez que vous le perdez, préoccupez-vous mieux de votre bien-être.

Le scarabée

Symbole de vie éternelle, de courage, de créativité, de renaissance, des énergies qui se régénèrent sans cesse, le scarabée est un puissant talisman.

Petite histoire du scarabée

Les Égyptiens de l'Antiquité, fascinés par les mœurs de ce bousier du désert, virent en lui l'incarnation d'une exemplaire divinité solaire. En effet, ce coléoptère réussit à construire son nid et à survivre en conservant et transportant ses propres excréments en boule, entre ses deux mandibules. Les Égyptiens comparaient sa capacité à s'adapter à un milieu hostile – le désert, en l'occurrence –, au parcours d'Osiris au royaume des morts ou à celui de Rê, le Soleil, pendant la nuit.

Les Égyptiens ne furent pas les seuls à observer son manège. Les Chinois de jadis virent en lui le détenteur de l'Œuf cosmique, à l'origine de la création du monde et de l'apparition de la vie sur terre, tandis que dans la mythologie germano-scandinave, il était l'un des attributs de Thor, un dieu puissant et légendaire, dont la force, le courage et les exploits rappellent ceux d'Héraklès, le demi-dieu mythique grec.

Revenons en Égypte ancienne, pour découvrir que le verbe *kheper*, dérivé de *kheperer*, « le scarabée », signifiait « devenir, transformer ». Les Égyptiens représentèrent souvent ce symbole de résurrection et de vie éternelle portant la sphère solaire entre ses deux pattes antérieures. Omniprésent dans l'imagerie religieuse de cette grande civilisation, on le retrouve sur des bagues, des bracelets, des sceaux et des amulettes, et l'on sait qu'il était d'usage de disposer un scarabée en lieu et place du cœur d'un défunt, avant de le momifier, afin de garantir à son âme résurrection et vie éternelle.

Les bonnes influences du scarabée

Sous forme d'amulette, le scarabée est gage d'immortalité ou, du moins, si l'on veut se montrer raisonnable et réaliste, de longévité. Au point qu'une superstition subsiste encore, un peu partout en

Europe, suivant laquelle écraser un scarabée équivaut à attirer le malheur sur soi et sur sa maison, pis encore à encourir le risque d'écourter sa vie. En revanche, celle ou celui qui aide un scarabée à recouvrer son chemin, qui le remet sur ses pattes s'il tombe d'un mur ou d'un arbre, ou qui le sauve d'un prédateur, s'assure des bienfaits et de protections providentielles de cet insecte de bon augure.

De plus, dès lors que l'on n'éprouve ni réticence ni répulsion à l'égard de ce coléoptère, on doit se réjouir de le voir pénétrer chez soi, surtout par une fenêtre. Son arrivée soudaine est un signe de bonheur et de prospérité à venir pour sa maison et sa famille. En revanche, une nuée de scarabées, perçue tel un fléau par nos ancêtres, demeure un mauvais présage. En effet, ces insectes en grand nombre déferlaient parfois, en période de sécheresse, dévastant les récoltes.

Du bon usage du scarabée pour se porter bonheur

Si vous traversez une période de votre vie durant laquelle vous manquez de force et de courage, n'hésitez plus, procurez-vous un scarabée. Depuis des millénaires, ce petit bousier laborieux, fort préoccupé de sa survie, portant sur sa carapace une croix, symbole universel, nous prouve que nous ne devons jamais nous décourager et que, dans la vie, rien ne se perd, tout change, se transforme, se régénère. Gardez toujours ce bel objet de méditation à portée de vue, et tout en fixant votre esprit et votre attention sur lui, puisez en vous l'énergie et la ténacité que vous possédez.

En plus de stimuler votre pouvoir d'adaptation aux circonstances de votre vie, afin d'en tirer tous les avantages, il vous aide à lutter contre l'adversité. Ainsi, en cas de conflit ou de procès, mettez toutes vos chances de votre côté en portant un scarabée sur vous. Mieux encore, en offrir un à une personne qui fait partie du proche entourage de votre adversaire peut favoriser une réconciliation entre lui et vous.

L'intensité et la constance de vos sentiments se trouvent renforcées si vous placez un scarabée contre votre cœur. Bien sûr, l'offrir à un être cher s'avère un gage de grande fidélité. Enfin, n'oubliez jamais que le scarabée, symbole de métamorphose et d'éternel retour, nous rappelle à tout instant que, en ce bas monde, tout passe, change, évolue.

Le scarabée dans vos rêves

L'apparition d'un scarabée dans l'un de vos rêves recèle une double signification. D'une part, il constitue un encouragement à la créativité dont vous pouvez faire preuve, aux efforts laborieux dont vous devez témoigner, pour parvenir à engendrer une nouvelle situation, réaliser un projet ou une œuvre personnelle. Il vous assure du succès dans vos entreprises. D'autre part, il vous met en relation avec les couches les plus profondes et subtiles de votre personnalité, et doit vous conforter dans la croyance en la vie éternelle de l'âme.

L'étoile

Accrochez une étoile au ciel de votre vie. Symbole d'amour, comme Vénus, l'étoile du berger vous accompagnera dans tous les moments de votre vie.

Petite histoire de l'étoile

De tout temps et partout, le ciel étoilé et la voûte céleste exercèrent une fascination sur les êtres humains. La cosmologie juive, par exemple, reconnut dans les étoiles et les constellations des groupes d'esprits célestes, chaque étoile constituant un esprit à part entière, un ange ou un génie bienfaisant, l'un des nombreux gardiens du monde et des êtres humains. Chacun d'entre nous a son étoile protectrice, présente quelque part dans le ciel.

Selon d'autres cosmologies plus anciennes encore, les étoiles ne seraient rien d'autre que les âmes des défunts. D'après cette croyance ancestrale, l'intensité lumineuse d'une étoile dans le ciel est proportionnelle à l'évolution spirituelle de l'âme du défunt qu'elle représente. Pour s'orienter sur terre et, plus tard, sur mer, nos ancêtres surent très vite se baser sur l'immense carte du ciel qui recouvrait leurs têtes, suivre une étoile plutôt qu'une autre, pour se rendre en tel lieu qu'ils leur plaisaient d'explorer.

Nous pouvons comprendre aisément ce que signifie le rêve d'une étoile que nous suivons, ou que nous observons dans le ciel. Elle symbolise le guide que nous appelons, un signe du destin, la marque d'un événement important qui ne tardera pas à se produire dans notre vie. Si nous en croyons les récits évangéliques, l'étoile de Bethléem, ou étoile du berger, autrement dit la planète Vénus, la première étoile à surgir et scintiller dans le ciel à la nuit tombante, apparut aux Rois mages pour les guider jusqu'au lieu de la naissance de Jésus.

Les bonnes influences de l'étoile

De nos jours, les citadins que nous sommes ne regardent plus beaucoup le ciel. Pourtant, chacune et chacun de nous sait, au fond de son cœur et de sa mémoire, qu'elle ou il est né(e) sous une étoile ou que, tout au long de sa vie, elle ou il doit la suivre. Bon ou mauvais, le caractère magique de l'étoile lui confère des influences bénéfiques, protectrices, parfois éprouvantes ou difficiles, certes, mais toujours d'une manière salutaire et libératrice.

Quelle étoile choisir pour se porter bonheur ?

Selon le nombre de branches d'une étoile, ses caractéristiques et ses vertus diffèrent.

L'étoile à cinq branches symbolise l'accord parfait. Employez-la si vous souhaitez signer un contrat, trouver un terrain d'entente avec quelqu'un ou vous unir à un être cher. Du fait qu'elle présente une analogie avec le bleu, portez-la, de préférence, avec un vêtement de cette couleur. Vous pouvez aussi l'offrir à une personne en témoignage de votre affection sincère.

L'étoile à six branches figure une gestation, une création ou une naissance. Une femme enceinte peut la porter autour de son cou pendant sa grossesse et le jour de l'accouchement pour s'assurer que tout se passera bien. Elle figure aussi la bonne étoile de l'enfant qui va naître. En médaillon ou en pendentif, il faut toujours l'associer à l'indigo, sa couleur. Offrez-en une à toute personne qui exerce une activité artistique ou qui se lance dans une création ou une innovation. Elle lui portera chance.

La rareté de l'étoile à sept branches ne fait qu'augmenter sa valeur et les pouvoirs qu'on lui attribue. En effet, on dit qu'elle apporte une grande réussite à celle ou celui qui la porte, dans ses entreprises ou ses activités professionnelles. Associez-la au violet, sa couleur, notamment pour stimuler votre pouvoir d'action et votre volonté d'aboutir dans vos entreprises ou de remporter une victoire.

L'étoile à huit branches, la plus commune avec l'étoile à six branches, permet à celle ou celui qui la porte de satisfaire ses désirs. Ainsi, formuler un vœu, en fermant les yeux et en tenant serrée dans sa main droite une étoile à huit branches, garantit d'être exaucé sous huit jours. En offrir une à quelqu'un se révèle un gage de fidélité ou d'attachement. Enfin, pour s'assurer des bienfaits d'un changement dans sa vie, il faut associer l'étoile à huit branches à sa couleur, le rouge.

La colombe

Symbole de paix, d'amour, de bonheur et de fidélité conjugale, la colombe, bel oiseau blanc et merveilleuse amulette, vous comble de ses bienfaits.

Petite histoire de la colombe

La colombe ou tourterelle s'apprivoise très facilement. Elle se distingue de ses congénères par la blancheur immaculée de son plumage. Ses ailes larges lui permettent de voler vite et de couvrir d'assez longues distances, sans se poser. Elle se nourrit presque exclusivement de graines.

Si l'on en croit l'Ancien Testament, elle revint vers Noé en tenant un rameau d'olivier dans son bec. Il s'agit du récit du Déluge, l'un des plus beaux récits bibliques mettant en scène la colombe : « Il (Noé) attendit encore sept autres jours et lâcha de nouveau la colombe hors de l'arche. La colombe vint vers lui au temps du soir, et voici qu'elle avait au bec un rameau tout frais d'olivier. Noé connut que les eaux avaient diminué de dessus la terre. Il attendit encore sept autres jours et lâcha la colombe ; mais elle ne revint plus de nouveau vers lui. » (La Genèse, VIII, 10-12)

De nos jours, la colombe tenant un rameau d'olivier en son bec constitue toujours un symbole de paix. Mais pour les auteurs et rédacteurs de la Bible, au fil des siècles, elle fut d'abord une représentation de l'âme immortelle et de l'amour éternel, puis du Saint-Esprit, ou de l'Esprit de Dieu, pour les chrétiens. Dans la mythologie grecque, elle figurait aussi Aphrodite, la déesse de l'amour.

Les bonnes influences de la colombe

Selon les croyances qui se rattachent à ce bel oiseau du bonheur, la colombe symbolise la grâce, la beauté de l'âme, la pureté des intentions, la sympathie, la douceur, la compréhension, la sincérité, la justice et la paix, bien sûr. Elle apporte précisément un message de paix, de bonne entente, d'harmonie, de conciliation ou une nouvelle agréable. Elle aplanit les difficultés, simplifie la vie, purifie et calme les esprits et les cœurs troublés. Elle favorise l'accomplissement d'un souhait ou la réalisation des beaux projets.

Elle s'impose également sous l'aspect d'une belle figure symbolique de la pensée qui vole au-delà de toutes les frontières, des limites du temps et de l'espace, passant au-dessus des obstacles, des murs de l'incompréhension ou de l'indifférence, reliant un être à un autre. Sans exagération, on peut dire que la colombe symbolise un sentiment si pur, si authentique, qu'il se révèle plus fort que la mort.

Du bon usage de la colombe pour se porter bonheur

Aux premiers jours du printemps, ouvrez grand vos oreilles. Dès que vous entendez le premier roucoulement de la colombe, faites un vœu. Selon une tradition ancestrale, il s'accomplira avant la fin de l'été.

Aux premiers beaux jours toujours, si une colombe vient se poser sur le bord de votre fenêtre, elle vous offre un présage d'amour et d'union, dont vous pouvez croire qu'il s'agit d'un signe du destin. La colombe fait le lien entre deux êtres voués l'un à l'autre. Elle symbolise aussi le bonheur conjugal et la fidélité. Elle ne concerne jamais les relations éphémères ou les aventures sans lendemain.

Offrez une colombe à un jeune couple ne peut que lui porter bonheur, lui garantir une belle vie conjugale. En offrir une à une jeune mariée est une manière comme une autre de formuler le vœu qu'elle deviendra bientôt l'heureuse mère d'un enfant.

Voir deux colombes voler dans le ciel constitue un heureux présage de réconciliation, en cas de désaccord avec un ami ou un être cher, ou bien le retour prochain d'une personne aimée qui se trouve éloignée de vous.

Pour vous assurer des bienfaits et des protections de cet oiseau de bon augure, vous pouvez la porter sur vous, de préférence sous forme de bague glissée à l'annulaire (le doigt qui porte l'anneau) de la main droite. Elle rend votre vie plus paisible, votre esprit plus serein. Elle vous apporte un bon équilibre et vous garantit une vie sentimentale sans nuage. Elle vous rend également plus juste et vous protège contre toutes les injustices dont vous pourriez vous sentir victime.

On conseille également de glisser deux plumes de colombe dans son portefeuille, son sac à main ou son mouchoir, pour vivre en paix ou trouver l'âme sœur.

La colombe dans vos rêves

Rêver d'une colombe constitue toujours un heureux présage. Si vous voyez une colombe entrer dans votre maison, ce rêve augure d'une période de paix et de bonheur pour votre foyer et votre famille. Ce même rêve peut aussi révéler une aide ou une protection providentielle. Il s'agirait ainsi de l'âme de l'un de vos ancêtres ou d'un parent récemment disparu, qui se manifeste à vous et vous transmet ses bonnes pensées. Voir une colombe se poser sur votre épaule ou sur toute autre partie de votre corps vous annonce une rencontre prochaine, une naissance ou une grande joie. Entendre une colombe roucouler sans la voir, témoigne des sentiments sincères ou des pensées affectueuses d'une personne à votre égard. Un cœur pur pense à vous.

La rose

Fleur du miracle de la vie, de l'amour absolu, de la beauté parfaite, des aspirations spirituelles, la rose, reine des fleurs, nous invite à croire au bonheur éternel.

Petite histoire de la rose

La rose, le lotus de l'Occident, fleur mystique par excellence, symbolise la naissance et la renaissance, la vie éternelle. Toutefois, il semble bien que l'on trouve son origine en Inde, car un nom sanskrit désignant un parfum porte son nom. En Grèce, on l'appréciait fort. L'espèce qui poussait dans l'île de Rhodes, parmi les rhododendrons ou lauriers roses qui portent son nom (en grec, rose se disait *rhodon*), était aussi célèbre que l'essence de rose, l'un des plus prisés parmi les parfums d'Arabie. La rose des vents, désignant d'abord les quatre directions, deviendra plus tard une étoile composée de trente-deux branches correspondant aux trente-deux aires du vent sur la boussole des marins. Enfin, la rose évoque aussi le lotus aux huit pétales de la tradition bouddhiste.

Symbole de féminité, de beauté, de pureté et de sainteté, la rose devint l'attribut de la Vierge des chrétiens. Ainsi, le rosaire ou *rosarium*, qui désignait une guirlande de roses dont on couronnait les statues de la Vierge, s'utilisait comme chapelet et finit par désigner la prière que l'on prononce en égrenant son chapelet, comme les moines hindouistes et bouddhistes, à l'autre bout du monde, récitent leurs mantras, les textes et hymnes liturgiques, considérés par eux comme des instruments de méditation.

La rose de Jéricho ou fleur de la Passion, est une petite plante originaire de Syrie qui, une fois fanée, possède la particularité de renaître lorsqu'elle est plongée dans l'eau. Cette vertu singulière lui valut de nombreuses légendes qui, d'Orient en Occident, en firent une fleur miraculeuse.

La rose aux innombrables espèces fut sans doute introduite en Europe par l'intermédiaire des Croisés, au XIIe siècle, qui ramenèrent des rosiers de Terre sainte. Par exemple, on sait que la célèbre rose de Provins, en France, dont la culture fut répandue par les comtes de Champagne – notamment par Henri II, roi de Chypre, puis de Jérusalem –, est originaire de Damas.

Mais déjà, aux Ier, IIe et IIIe siècles de notre ère, les médecins grecs Dioscoride, Galien et Théophraste cultivaient des roses autant pour leur beauté et leur parfum que pour leurs vertus médicinales. En effet, depuis la plus haute Antiquité, l'infusion de pétales de rose fait merveille contre les maux de gorge et pour stimuler l'activité pulmonaire. Par ailleurs, l'eau de rose s'avère une merveilleuse lotion qui nettoie et tonifie la peau. Nos ancêtres la baptisèrent « l'eau de jouvence ».

Les bonnes influences de la rose

Fleur de sagesse et de passion, la rose se trouve à l'origine de tous les charmes et envoûtements d'amour. Elle rend amoureux(se) celle ou celui qui la porte sur elle ou sur lui, attire l'amour de celle ou de celui à qui l'on offre cette superbe fleur. Néanmoins, sa tige bordée d'épines avertit que l'amour et la sagesse se gagnent de haute lutte, au prix de nombreuses précautions.

Du bon usage de la rose pour se porter bonheur

Vous pouvez porter ou offrir une rose rose, sa couleur naturelle, pour témoigner de votre amour profond, sincère, et de votre fidélité. Elle produit sur vous un effet apaisant, vous apporte un peu de sagesse et de sérénité. Offrez des roses rouges pour déclarer votre flamme, votre passion, votre amour intense. Si vous éprouvez le besoin de vous réchauffer l'âme et le cœur, mettez un beau bouquet de roses rouges dans votre maison.

Pour honorer la pureté, l'innocence, la bonté d'âme, la noblesse de cœur d'un être, offrez-lui une rose blanche. Elle constitue aussi un gage de sentiments purs, d'amitié et de respect d'autrui. En revanche, si vous offrez une rose jaune, c'est pour exprimer votre amour exclusif. Si vous avez soif de vérité et de justice, accrochez une rose jaune à la boutonnière de votre veste ou de votre manteau. Si vous souhaitez qu'un secret vous soit révélé, disposez quelques pétales d'une rose jaune sous votre oreiller.

Une broche en forme de rose, posée contre votre cœur, vous apporte bonheur et plénitude en amour. Enfin, selon une coutume très ancienne, en jetant des pétales de roses séchées dans une maison, avant de s'y installer et d'y vivre, vous en chassez ainsi les esprits malfaisants et vous attirez la prospérité et le bonheur dans votre foyer.

La rose dans vos rêves

Une rose qui resplendit sous vos yeux ou un bouquet de roses dont le parfum vous enivre révèle vos hautes aspirations spirituelles. Une rose rouge présente dans l'un de vos rêves, témoigne de votre grand besoin d'amour, d'une passion qui va surgir dans votre vie. Une rose blanche constitue un présage de mariage ou de naissance, tandis qu'une rose jaune présage d'une trahison ou d'une déception affective. Une rose sans épine vous annonce une période de plénitude, de bonheur sans nuage, de chance pure. Un bouquet de roses sans épines augure de circonstances heureuses qui vous permettront de réaliser vos projets.